D1664274

**Grundkurs
Turbo Pascal
Band 1**

Grundkurs Turbo Pascal

Band 1

Karl-Hermann Rollke

DÜSSELDORF · PARIS · SAN FRANCISCO · LONDON · ARNHEIM

Anmerkungen:

Turbo Pascal ist ein eingetragenes Warenzeichen von Borland International.
CP/M, CP/M-80 und CP/M-86 sind eingetragene Warenzeichen von Digital Research, Inc.
IBM PC ist ein eingetragenes Warenzeichen von International Business Machines Corporation.
MS-DOS ist ein eingetragenes Warenzeichen von Microsoft Corporation.
USCD Pascal ist ein eingetragenes Warenzeichen von Dekanats der Unversity of California, San Diego.

Fast alle Software- und Hardwarebezeichnungen, die in diesem Buch erwähnt werden, sind gleichzeitig auch eingetragene Warenzeichen und sollten als solche betrachtet werden.

Der Verlag hat alle Sorgfalt walten lassen, um vollständige und akkurate Informationen in diesem Buch bzw. Programm und anderen evtl. beiliegenden Informationsträgern zu publizieren. SYBEX-Verlag GmbH, Düsseldorf, übernimmt keine Garantie noch die juristische Verantwortung oder irgendeine Haftung für die Nutzung dieser Informationen, für deren Wirtschaftlichkeit oder fehlerfreie Funktion für einen bestimmten Zweck. Ferner kann der Verlag für Schäden, die auf eine Fehlfunktion von Programmen, Schaltplänen o.ä. zurückzuführen sind, nicht haftbar gemacht werden, auch nicht für die Verletzung von Patent- und anderen Rechten Dritter, die daraus resultieren.

Satz: SYBEX-Verlag GmbH, Düsseldorf
Titelgestaltung: tgr – typo-grafik-repro gmbh, Remscheid
Druck und buchbinderische Verarbeitung: Clausen & Bosse, Leck

ISBN 3-88745-697-1
1. Auflage 1987
2. Auflage 1987
3. Auflage 1988
4. Auflage 1988
5. Auflage 1988
6. Auflage 1988

Inhalt

Programme

Vorwort

Das vorliegende Buch umfaßt zwei Bände. Themenschwerpunkte der beiden Bände sind:

*Themen-
schwerpunkte*

Band 1: Einführung in das Programmieren in Pascal.
Einfache Datenstrukturen.
Algorithmik: Kontrollstrukturen (Entscheidungen
und Schleifen), Prozedurkonzept.
Eindimensionale Felder.
Sortieralgorithmen.

Band 2: Datenstrukturen: Verbunde, Mengen, Aufzählungen,
Dateien, Zeiger.
Struktur und Arbeitsweise einer Datenverarbeitungs-
anlage.
Einblick in die Programmierung auf Maschinenebe-
ne und in Assembler.
Gesellschaftliche Probleme der Datenverarbeitung
(Datenschutz).
Vorschläge für Projekte.

Die Themen der beiden Bände orientieren sich weitgehend an
den (zum Zeitpunkt der Erstellung gültigen) Richtlinien für
den Informatik-Unterricht. Da diese Richtlinien von Bundesland zu Bundesland verschieden sind, wurde versucht, ein Kon-
zept zu erstellen, das es erlaubt, durch variable Reihenfolge der
Themen das Buch mit unterschiedlichen Richtlinien zu nutzen.

Richtlinien

Außerdem erlaubt die Struktur des Buches auch einen Einsatz
im Selbststudium und besonders im Bereich der Weiterbildung
und der Volkshochschulen.

*Selbststudium
Volkshochschule*

Die Systematik des Pascal-Teiles der beiden Bände ist stark an
die Systematik der Programmiersprache Pascal angelehnt, so

Systematik

daß der Leser einen sinnvollen Aufbau erkennen und bestimmte Themen leicht wiederfinden kann.

Turbo Pascal   Im Buch werden die wichtigsten Lernelemente ausführlich behandelt, und es wird auf Regeln, Beispiele und Fehlermöglichkeiten hingewiesen. Der Anhang ergänzt mit Zusammenfassungen von Befehlen und Tabellen.

Der verwendete "Pascal-Dialekt" ist Turbo Pascal, entwickelt von der Firma Borland.

MS-DOS   Die Programme und Operationen sind alle auf einem IBM-Rechner unter dem Betriebssystem MS-DOS getestet worden.

andere Rechner   Bei Benutzung anderer Rechner oder anderer Pascal-Versionen wird man möglicherweise Unterschiede in der Sprache und in den Funktionen des Rechners feststellen. In diesen Fällen muß das entsprechende Handbuch (und/oder der Lehrer) zur Klärung beitragen.

Das 2. Kapitel bezieht sich direkt auf das MS-DOS-Betriebssystem und kann bei Benutzung eines anderen Betriebssystems übergangen werden.

Grafik   Bis auf einige Grafikprogramme (die selbstverständlich nur auf grafikfähigen Rechnern sinnvoll laufen) sollten alle Programme (evtl. mit geringfügigen Änderungen) auf allen anderen Rechnern lauffähig sein.

Reihenfolge
der Themen   Bei der Arbeit mit dem Buch kann der fortgeschrittene Benutzer sicher einige einführende Teile weglassen. Auch die Reihenfolge der Kapitel kann im großen und ganzen verändert werden, wenn ein didaktisch anderes Vorgehen für wünschenswert gehalten wird.

Die meisten Kapitel sind ohne das Lesen anderer Kapitel verständlich. Hin und wieder schaffen kleine Wiederholungen die nötigen Voraussetzungen.

Programmier-
praxis   Das Buch sollte möglichst in Verbindung mit einem Rechner durchgearbeitet werden. So wie man nicht theoretisch Nähen

lernen kann, führt auch das Erlernen einer Programmiersprache ohne genügende Praxis und Übung nicht zu einem erfolgreichen Abschluß.

Von den Übungen zum Schluß eines Paragraphen sollte reich-   *Übungen*
lich Gebrauch gemacht werden.

Das Buch entstand auf der Basis mehrerer tatsächlicher Unter-
richtsreihen im Grundkurs Informatik, die ich am Geschwi-
ster-Scholl-Gymnasium in Unna durchgeführt habe.

Es handelt sich bei dem vorliegenden Buch um eine überarbei-
tete Version meines Buches Grundkurs in Pascal (mit UCSD-
Pascal), das schon in vielen Schulen erfolgreich eingesetzt
wird.

Unna, Mai 1987   Karl-Hermann Rollke

Einführung

In diesem Kapitel wird der Aufbau dieses Buches dargestellt. Außerdem werden einige einfache Grundlagen zum Aufbau eines Rechners und zu höheren Programmiersprachen behandelt. Die Planung von Programmen sowie Fehlersuche und Dokumentation von Programmen behandelt ein weiterer Paragraph.

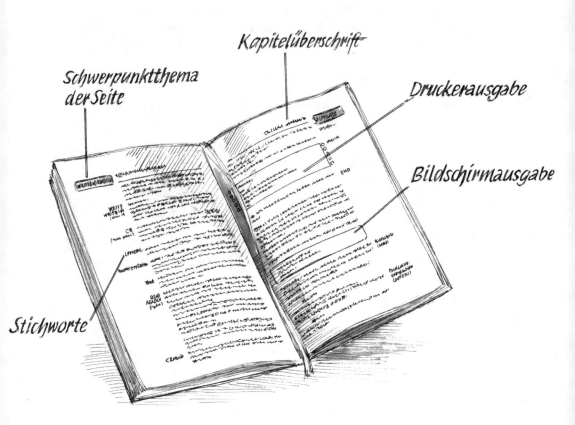

1.1 Zur Systematik des Buches

Kapitelaufbau

Die Themenschwerpunkte dieses Buches werden Kapiteln zugeordnet.

Aufbau eines Kapitels:

1. Einführung und Lernziele, die nach dem Durcharbeiten des Kapitels erreicht sein sollen.
2. Erarbeitung des Unterrichtsstoffes in Paragraphen.
3. Kurze Zusammenfassung des Erreichten.

Aufbau der Paragraphen

Die Paragraphen haben im allgemeinen folgenden Aufbau (soweit die Inhalte es zulassen):

1. Einführende Problemstellung und/oder Beispiel.
2. Lösung des Problems anhand neuer Erkenntnisse.
3. Allgemeine und spezielle Hinweise zur neuen Thematik.
4. Merkkästchen als Zusammenfassung des neu gelernten Stoffes.
5. Übungsaufgaben zur Vertiefung des Stoffes.

Anhang

Zum Schluß des Buches findet sich ein Anhang, der die Funktion eines Nachschlagewerkes übernehmen soll.

Zum besseren Auffinden bestimmter Themen in den Kapiteln findet sich am oberen Rand einer Seite:

1. Die Kapitelüberschrift.
2. Das Schwerpunktthema der betreffenden Seite.

Rand

Außerdem wird der Rand jeder Seite zur besseren Übersicht für Stichworte genutzt, die auf das im Text behandelte Thema hinweisen.

Ausgabe

Bildschirmausgaben der vorgestellten Programme werden in abgerundeten Kästchen, Programmtexte in viereckigen Kästchen wiedergegeben.

Bildschirm: Programmtexte:

```
Schriftart
Courier
```

```
Schriftart
Courier
```

16

1.2 Grundlagen

IBM-PC mit Peripherie

Durch folgenden Grobplan können wir die Funktionseinheiten eines Computers darstellen:

*Grobaufbau
eines Computers*

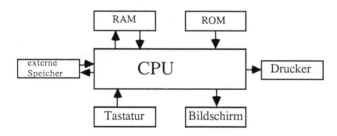

CPU: Central Processing Unit. Zentraleinheit.
Hier werden Daten transportiert und verknüpft.

ROM: Read Only Memory, Nur-Lese-Speicher.
In diesem Speicher sind Programme abgelegt, die dafür sorgen, daß der Rechner vernünftig funktioniert (z.B., daß nach dem Einschalten des Stroms die Diskettenlaufwerke in Betrieb genommen werden). Beim Ausschalten gehen die Daten nicht verloren.

17

RAM: Random Access Memory, Schreib-Lese-Speicher.
Hier werden Daten und Programme gespeichert, die
vom Benutzer eingegeben werden. Nach dem Ausschalten sind die Daten verloren.

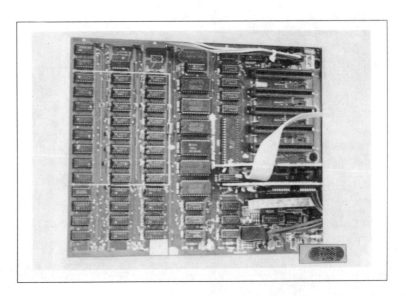

Blick in das Innere des Gehäuses

Tastatur: Eingabemedium.

Bildschirm: Ausgabemedium.

Externe Speicher: Bei diesen Speichern handelt es sich um
Massenspeicher zur Langzeitspeicherung
von Daten und Programmen.

Die wichtigsten Speichermedien sind:

Magnetband   Magnetband: Zur sequentiellen Speicherung. Die Daten
werden alle hintereinander gespeichert. Will
man auf Daten am Ende des Bandes zugreifen, so muß das ganze Band vorgespult werden.

Magnetplatte: Kreisrunde, magnetisch beschichtete Platte, auf der Daten in konzentrischen Kreisen (Spuren, Tracks) gespeichert werden. Der Zugriff auf beliebige Stellen der Platte ist recht schnell.

Magnetplatte

Bei Kleinrechnern handelt es sich häufig um flexible Platten, sogenannte Disketten.

Diskette

Die CPU verkehrt über Datenleitungen mit den Speichern und externen Geräten nur mit binär verschlüsselten Daten. Die Elektronik kennt nämlich nur die Zustände An und Aus, d.h. nur zwei Ziffern. Daher also die Arbeit im Binärsystem (Zweiersystem). Das Programmieren im Binärsystem (d.h. auf Maschinenebene) ist recht aufwendig und unkomfortabel. Eine simple Multiplikation macht schon Schwierigkeiten.

Maschinensprache

So hat man schon sehr früh die sogenannten höheren Programmiersprachen entwickelt. Hier wird die Multiplikation z.B. durch die Anweisung 6*7 ausgeführt. Eine der höheren und komfortableren Programmiersprachen ist Pascal. Nachdem wir diese Sprache gelernt haben, können wir dem Computer mit ziemlich einfachen und verständlichen Anweisungen klarmachen, was wir von ihm wollen.

Höhere Programmiersprachen

Ein sogenannter Compiler (Übersetzungsprogramm) sorgt dann dafür, daß unsere Anweisungen in einen für die Maschine verständlichen Code übersetzt werden.

Compiler

1.3 Problemanalyse – Planung von Programmen

Der Computer wird verwendet, um Probleme zu lösen. Da der Computer keine eigene Intelligenz besitzt, sondern nur Befehle (Anweisungen) ausführen kann, ist es an uns, eine Reihe von Anweisungen (ein Programm) aufzustellen, die zur Problemlösung angemessen sind.

Programm/ Anweisungen

Bevor wir überhaupt ein Programm planen, sollten wir wissen, was wir überhaupt wollen. Dazu ist es nötig, einen möglichst exakten Anforderungskatalog für die jeweilige Problemstellung zu erstellen. Danach wird ein geeigneter Algorithmus gesucht. Ein Algorithmus ist eine endliche, exakte und korrekte

Algorithmus

Vorschrift, die bei geeigneten Eingabedaten zwangsläufig zu korrekten Ausgabedaten führt.

Ein Beispiel für einen Alltagsalgorithmus:

Flußdiagramm

Eine Variable ist eine veränderliche Größe, die eine Platzhalterfunktion hat und der ein oder mehrere Werte zugewiesen werden können.

Variable

Aufgabe des Programms: Zahlen addieren und die Summe ausgeben.

Beispiel

In Einzelschritten heißt das:

Setze die Variable Summe auf null.
Wiederhole: Einlesen einer Zahl;
                addiere die Zahl zu Summe;
bis die eingegebene Zahl gleich null ist.
Gib die Summe der Zahlen aus.

Anforderungen

Die Planung des Programms erfolgt erst einmal auf dem Papier. Dazu bedient man sich häufig sogenannter Flußdiagramme oder Blockdiagramme.

Flußdiagramm zu unserem Programm:

Flußdiagramm

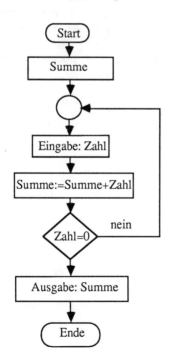

Diese Art der schematischen Planung eignet sich für Pascal-Programme nicht so gut, da die Pfeile in Flußdiagrammen für Sprünge an andere Stellen im Programm stehen.

Blockdiagramm

Pascal ist jedoch eine blockorientierte Sprache, in der man ganz ohne Sprünge auskommen kann (in diesem Buch wird auf Sprünge ganz verzichtet). Wir benutzen daher besser ein Blockdiagramm:

Programm Test
Variablen Zahl, Summe : Dezimalzahl
Anfang
Summe:=0
Wiederhole
Eingabe:=Zahl
Summe:= Summe + Zahl
bis Zahl = 0
Ausgabe: Summe
Ende.

Symbole

In vielen Programmplanungen in diesem Buch werden wir uns mit dieser Struktur anfreunden. Die zu verwendenden Symbole für Block- und Flußdiagramme sind im Anhang aufgeführt.

Wenn die Planung abgeschlossen ist, übersetzen wir die Anweisungen unseres Blockdiagramms in Pascal:

Beispiel-Programm

```
PROGRAM Test;

   VAR Zahl, Summe : REAL;

   BEGIN
     Summe := 0;
     REPEAT
       READLN (Zahl);
       Summe := Summe + Zahl
     UNTIL Zahl=0;
     WRITELN (Summe:7:2)
   END.
```

Verfeinerung

Der Vorteil eines Blockdiagramms liegt auch darin, daß man stufenweise die Planung verfeinern kann (eine Technik, auf die die Programmiersprache Pascal sehr gut zugeschnitten ist). So ließe sich ein Adreßverwaltungsprogramm etwa folgendermaßen grob planen:

Beispiel

Programm Adressen					
Variablen ch : Zeichen <andere fehlen noch>					
Anfang					
Menue					
Wiederhole	Eingabe: ch				
	falls ch ist:				
	"E"	"A"	"D"	"S"	"L"
	Eingabe	Alpha	Drucke	Speichere	Lies
bis ch = "Z"					
Ende.					

Die Planung enthält einige noch in gleicher Weise zu planende Blöcke (Unterprogramme):

Menue

Menue: Zeigt dem Benutzer die verschiedenen Möglichkeiten:
E)ingabe
A)lphabetisch Sortieren
D)rucken
S)peichern auf Diskette
L)esen von Diskette
Z)um Schluß

Eingabe: Eingeben und Verändern von Adressen
Alpha: Sortieren der Adressen
Drucke: Drucken der Adressen
Speichere: Speichern der Daten auf Diskette
Lies: Lesen der Daten von Diskette

Unterprogramme

Natürlich handelt es sich hier um eine recht grobe Planung, was alleine schon an den fehlenden Variablen zu sehen ist. Außerdem muß hier noch überlegt werden, wie die Variablen von einem Unterprogramm zu einem anderen übergeben werden.

Fehler

Häufig schleichen sich bei Planung und Eingabe Fehler ein. Diese zu finden und sinnvoll zu berichtigen braucht oft viel Zeit und einige Erfahrung bei großen Programmen.

→ Daher: Viel am Rechner programmieren!

Dokumentation

 Schon beim Erstellen des Programms, spätestens jedoch danach wird das Programm dokumentiert. Dies geschieht durch Kommentare im Programmtext sowie durch Begleittexte über Planung, verwendete Variablen und Funktion des Programms.

Die Dokumentation ist sehr wichtig, um das Programm noch nach einiger Zeit zu verstehen und eventuell zu verändern und zu berichtigen.

Keine
Sofortprogramme

Auf keinen Fall sollten Sofortprogramme erstellt werden (es sei denn, das Problem ist sehr klein und übersichtlich). Programme ohne Planung sind fast immer umständlich und kaum lesbar.

Übungen:

1.3.1 Kann man einen Algorithmus "Autofahren" aufstellen?

1.3.2 Beschreiben Sie einen Algorithmus für das Problem: "Schreiben und Absenden eines Briefes".

1.3.3 Beschreiben Sie einen Algorithmus für das Problem: "Telefonieren an einem Münzfernsprecher".

Grundlagen zu Turbo Pascal und MS-DOS

Kapitel **2**

Bevor wir uns näher mit Turbo Pascal beschäftigen, müssen wir einige grundlegende Dinge über das MS-DOS-Betriebssystem wissen. Hier sollen nur die wichtigsten Operationen in diesem Betriebssystem kurz beschrieben werden, damit der Einsteiger sie benutzen kann. Weitere Informationen sind dem MS-DOS-Handbuch oder der einschlägigen Literatur zu entnehmen.

Eine Zusammenfassung aller Befehle des Betriebssystems findet sich im Anhang. Ebenfalls im Anhang befindet sich eine Liste der CP/M-Befehle für Benutzer von CP/M-Rechnern.

Nach dem Lesen dieses Kapitels

– wissen wir, wie das System gestartet wird;
– können wir Disketten formatieren und kopieren;
– wissen wir, was Files sind;
– können wir mit dem Editor Texte (auch Programmtexte) schreiben und verändern;
– haben wir ein erstes Programm getestet.

2.1 Turbo Pascal im MS-DOS-Betriebssystem

Start:

"Booten"

Die MS-DOS-Diskette wird in das Laufwerk gelegt, und der Rechner wird eingeschaltet. Nun lädt der Rechner das MS-DOS-Betriebssystem. Dieser Vorgang wird "Booten" genannt. Nach dem Booten erscheint das Copyright.

Einige MS-DOS Befehle

Es ist nützlich, die folgenden Befehle zu kennen:

– DIR <Return>
  Listet das Inhaltsverzeichnis der Diskette (Directory) auf.

– A: <Return> oder B: <Return>
  Schaltet auf ein anderes Laufwerk um. Die Laufwerke haben die Namen A:, B:, C: usw.

– DEL <Filename>
  Löscht eine Datei (File) mit dem angegebenen Namen auf der Diskette.

– RENAME <Filename neu> = <Filename alt>
  Benennt ein File um.

Arbeitskopie

Auf der MS-DOS-Systemdiskette befinden sich drei unbedingt notwendige Programme, die wir sofort benutzen sollten. Damit die kostbare Turbo-Systemdiskette nicht versehentlich gelöscht oder beschädigt wird, legen wir als erstes eine Kopie an und bewahren das Original danach sicher auf. Dazu müssen wir zunächst eine Diskette formatieren.

Formatieren von Disketten

Wir legen die MS-DOS-Systemdiskette ins Laufwerk und tippen:

```
FORMAT A: <Return>
```

Nun erscheint eine Begrüßungszeile des Formatierprogramms, und wir müssen die Systemdiskette in Laufwerk A: durch eine neue Diskette ersetzen. Dann drücken wir die <Return>-Taste,

und die Diskette wird formatiert. Nach dem erfolgreichen Formatieren werden wir aufgefordert, die Systemdiskette wieder
einzulegen und <Return> zu drücken.

Nun kopieren wir die Turbo-Systemdiskette. Mit der MS-DOS-
Diskette in Laufwerk A: tippen wir:

*Kopieren von
Disketten*

```
DISKCOPY A: B: <Return>
```

Nun fordert uns das Kopierprogramm auf, das Original (d.h.
die Turbo-Diskette) in Laufwerk A: zu legen und die Kopie
(d.h. unsere neue Diskette) in Laufwerk B:. Mit <Return> wird
der Kopiervorgang gestartet.

Nach Beendigung des Kopierens werden wir gefragt, ob wir
noch eine Kopie machen wollen. Mit <N> verlassen wir das
Kopierprogramm.

Hinweis:

Manchmal ist es nötig, nur das Betriebssystem beim Formatieren zu kopieren (weil z.B. eine besondere Druckeranpassung
nötig ist).

Dann tippen wir

Systemdiskette

```
FORMAT B:/S <Return>
```

Nun wird nur das Betriebssystem beim Formatieren auf die
Diskette im Laufwerk B: kopiert.

Sollen nur bestimmte Dateien (Programme, Daten usw.) kopiert werden, so benutzen wir das COPY-Programm von MS-
DOS.

*Kopieren von
Dateien*

```
COPY A:Quelle.Dat B:Ziel.Dat <Return>
```

kopiert die Datei mit Namen Quelle.Dat von der Diskette A zur
Diskette B mit neuem Dateinamen Ziel.Dat. Wird gewünscht,
daß der Dateiname erhalten bleibt, so braucht für die Zieldatei
kein Name angegeben zu werden (zum Beispiel A:Quelle.Dat
B: <Return>).

Arten von
Dateien

Nun zu den Arten der Dateien (Files), mit denen wir es in Verbindung mit Turbo Pascal zu tun haben. Alle Files enden mit einem Anhängsel (Suffix), bestehend aus (meistens) 3 Zeichen, angeführt durch einen Punkt.

Die wichtigsten Typen sind:

– .COM oder .CMD: lauffähiges Programm in Maschinencode
– .PAS: Pascal-Programmtext (Textfile)
– .BAK: Sicherheitskopie des Workfiles
– .OVR: Overlay
– .DTA: Daten

Oft ist auf den Disketten ein File mit dem Namen READ.ME zu finden. Dieses ist genauso zu behandeln, wie es heißt. Lesen Sie es. Dazu tippen Sie einfach

```
TYPE READ.ME <Return>
```

und der entsprechende Text erscheint auf dem Bildschirm.

Turbo-Start

Kommen wir zum eigentlichen Thema: Turbo Pascal. Nachdem wir eine Sicherheitskopie der Originaldiskette gemacht haben, legen wir das Original sicher weg und starten die kopierte Turbo-Systemdiskette. Mit

```
TURBO    <Return>
```

wählen wir das Turbo-System. Auf dem Bildschirm erscheint ein Titel mit dem Copyright und die Frage

```
Include error messages (Y/N)?
```

In der Regel werden wir hier <Y> tippen, um die Fehlermeldung im Klartext statt als Fehlercodes zu bekommen.

Danach erscheint ein Menü:

Bildschirm-
meldung

```
Logged drive: A
Work file:
Main file:

Edit   Compile Run  Save
Dir    Quit compiler Options

Text: 0 bytes
Free: 62903 bytes
```

Im folgenden Kapitel werden die Möglichkeiten des Menüs näher betrachtet. Hier wollen wir uns nur einmal anschauen, welche Dateien zum Turbo-System dazugehören. Mit <D> für "Dir" erhalten wir das Inhaltsverzeichnis der Diskette.

Folgende Files sollte die Diskette enthalten:

Dateien auf der Turbo-Diskette

TURBO.COM: Das Turbo Pascal.

TURBO.MSG: Das Textfile, das die Fehlermeldungen enthält.

TLIST.COM: Ein Programm zum eleganten Ausdrucken von Turbo-Programmtexten.

TINST.COM: Ein Installationsprogramm, um Turbo an den jeweiligen Rechner anzupassen (siehe Handbuch).

TINST.USG: Daten zu TINST.COM

READ.ME: Hinweise zum System.

<Name>.PAS: Eventuell vorhandene Pascal-Programme.

Welche Teile umfaßt das Turbo-Pascal-System?

Editor: Zum Schreiben und Verändern von Texten (insbesondere Programmtexten).

Compiler: Zum Übersetzen der Programmtexte in lauffähige Programme (in Maschinensprache).

Einige Begriffe:

Begriffe

file: Bedeutet Datei. Dies ist eine Ansammlung von Daten (z.B. Texte, insbesondere Programmtexte, Zahlen, Adressen usw.), die unter einem Dateinamen (filename) auf der Diskette abgespeichert sind.

File

workfile: Die sogenannte Arbeitsdatei. Dies ist der Programmtext, der aktuell in Bearbeitung ist.

Workfile

Menü	

Formatieren   Formatieren: Zuerst muß eine neue Diskette formatiert werden. Warum? Eine gekaufte Diskette enthält vorerst nichts. Sie ist für den Rechner nicht lesbar, da er keine Anhaltspunkte hat, wo auf der Diskette etwas zu finden ist. Beim Formatieren wird nun die Diskette in soge-

Spuren /Sektoren   nannte Tracks (Spuren) und Sektoren einge-teilt:

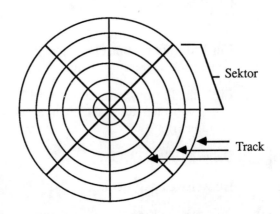

Sektor

Track

Turbo Menü   **Das Menü:**

Mit

TURBO <Return>

starten wir das Turbo-System. Auf dem Bildschirm erscheint das Menü. Die Auswahlmöglichkeiten des Menüs werden durch einfaches Tippen der entsprechenden Buchstabentaste ange-wählt. Die Buchstaben, die das Wort abkürzen, sind in der Bildschirmdarstellung hervorgehoben.

```
Logged drive: A

Work file:
Main file:


Edit       Compile    Run    Save
Dir        Quit       compiler Options

Text: 0 bytes
Free: 62903 bytes
```

Die einzelnen Zeilen des Menüs haben folgende Bedeutung:

– Logged drive: A
Hier wird angegeben, auf welches Laufwerk standardmäßig zugegriffen werden soll. Durch Drücken der <L>-Taste kann ein
anderes Laufwerk gewählt werden.

Logged Drive

– Workfile:
In dieser Zeile wird angezeigt, welches Workfile gerade bearbeitet wird, d.h. mit welchem Programmtext der Benutzer be-
schäftigt ist. Durch Drücken der <W>-Taste kann der Benutzer
ein Workfile in folgender Form definieren:

Workfile

<Dateiname>.<Typ>

Beispiel: TEST.PAS
Die Erweiterung .PAS kann auch weggelassen werden. In die-
sem Fall wird sie vom System angefügt. Wird jedoch z.B.
TEST.BAK gewählt, so wird nichts angefügt.

Ist das Workfile nicht auf der Diskette, wird ein neues File erzeugt. Wenn ein Workfile im Rechner ist und der Benutzer einen neuen Namen als Workfile definiert, wird gefragt, ob das
alte Workfile erst gespeichert werden soll (Antwort <Y> oder
<N>).

– Main File:
Wenn neben einem Workfile noch ein Mainfile genannt wird,
ist es dieser Text, der vom Compiler übersetzt wird (andernfalls das Workfile). So kann ein Programmtext benannt werden, der z.B. auf der Diskette steht und das zu übersetzende
Hauptprogramm enthält, während nebenher ein anderer Text
(der z.B. Textteile enthält, die eingefügt werden sollen) im
Texteditor bearbeitet wird.

Mainfile

– Edit
Mit <E> wird der Editor aufgerufen (siehe folgendes Kapitel).

Editor

– Compile
Mit <C> wird das Mainfile (oder das Workfile, wenn kein
Mainfile existiert) in die 8088-Maschinensprache übersetzt.
Die Art der Übersetzung hängt von den Compiler-Optionen ab.

Compiler

Menü	

Compiler-
Optionen

– Compiler Options

Mit <O> lassen sich Compiler-Optionen wählen.
Die wichtigsten sind:

– Memory
Durch Drücken der <M>-Taste (das ist auch die Standardeinstellung) wird der Compiler veranlaßt, den Text so zu
übersetzen, daß das lauffähige Programm im Rechnerspeicher steht.

– Com-file
Mit der <C>-Taste können wir den Compiler veranlassen,
das lauffähige Programm als .COM-File (z.B. TEST.
COM) auf die Diskette zu schreiben. Abhängig vom Rechnertyp können noch Angaben über die genaue Plazierung
des Maschinenprogramms im Speicher gemacht werden
(siehe Handbuch).

– cHn-file
Mit der <H>-Taste sorgen wir dafür, daß das Programm so
übersetzt wird, daß es nur von einem anderen Pascal-Programm aufgerufen werden kann (weil Teile des Pascal-Systems fehlen). Der Name wird durch .CHN (z.B. TEST.
CHN) kenntlich gemacht (siehe ebenfalls Handbuch).

Run   – Run

Mit der <R>-Taste lassen wir den Rechner ein Programm abarbeiten. Entweder wird das Programm im Speicher oder (wenn
die Compiler-Option C gewählt wurde) das entsprechende
.COM-File abgearbeitet. Ist das Programm noch nicht übersetzt, so wird dies erst getan.

Save   – Save

Durch Drücken der <S>-Taste können wir das Workfile unter
dem angegebenen Namen abspeichern. Es bleibt eine Kopie der
letzten Version des Workfiles auf der Diskette mit dem Kürzel
.BAK (z.B. TEST.BAK).

Dir   – Dir

Mit <D> wird das Inhaltsverzeichnis der angewählten Diskette
ausgegeben.

32

– Quit

Quit

Mit <Q> wird das Turbo-System verlassen (d.h. zurück zum MS-DOS-Betriebssystem).

Übungen:

2.1.1 Kopieren Sie Ihre Systemdisketten.

2.1.2 Sehen Sie sich die Inhaltsverzeichnisse Ihrer Disketten an.

2.1.3 Kopieren Sie einzelne Files (z.B. die Datei READ.ME).

2.1.4 Schreiben Sie den Vorgang des Kopierens als Blockdiagramm.

2.1.5 Was heißt Formatieren? Schreiben Sie den Vorgang des Formatierens als Blockdiagramm.

2.1.6 Löschen Sie die Datei READ.ME von Ihrer Diskette (nur von der Kopie!).

2.1.7 Schauen Sie zuerst mit der Anweisung "Dir" nach, ob es Dateien mit der Extension .PAS auf der Diskette gibt. Laden Sie von Turbo-Pascal aus ein Workfile mit solch einer Erweiterung, und rufen Sie den Editor auf. Verlassen Sie daraufhin den Editor mit der Tastenkombination <Ctrl>-<K> <Ctrl>-<D> und verlassen Sie Turbo Pascal.

2.2 Der Turbo-Editor

Der Turbo-Editor ist ein Texteditor, mit dem beliebige Texte bearbeitet werden können. Insbesondere werden wir natürlich Programmtexte damit bearbeiten.

Texteditor

Neulinge auf diesem Gebiet sollten erst einmal zur Übung mit dem Editor spielen, d.h. neue Texte erstellen und ändern sowie schon bestehende Texte ändern und mit den Texten herumexperimentieren.

Übung

Der Editor wird mit der Taste ⌨E aus dem Hauptmenü heraus ausgewählt und durch die Eingabe der Tastenfolge ⌨Ctrl ⌨K ⌨Ctrl ⌨D verlassen.

Beginn und Ende

Editor

Hinweis:

CTRL-Taste Die Bezeichnung ⌈Ctrl⌉⌈K⌉ bedeutet, daß die Taste ⌈K⌉ zusammen mit der Taste ⌈Ctrl⌉ gedrückt wird.

Die Editorbefehle lassen sich in folgende Gruppen aufteilen:

– Kontrollbefehle
– Cursorbewegungsbefehle
– Befehle zum Einfügen und Löschen
– Blockbefehle
– Verschiedenes

1. Kontrollbefehle

Beenden ⌈Ctrl⌉⌈K⌉ ⌈Ctrl⌉⌈D⌉ Beenden des Editors

Einfügen ⌈Ctrl⌉⌈V⌉   (oder <Ins>-Taste) Einfügen/Überschreiben
Schaltet hin und her zwischen Einfügen an der Cursorposition und Überschreiben an der Cursorposition.

Tabulator ⌈Ctrl⌉⌈Q⌉ ⌈Ctrl⌉⌈I⌉ Automatischer Tabulator
Schaltet hin und her zwischen automatischem Tabulator (d.h. Sprung an die Spaltenposition in der folgenden Zeile, an der die aktuelle Zeile beginnt) und Zeilenanfang am linken Rand.

2. Cursorbefehle

Cursorsteuerung ⌈Ctrl⌉⌈S⌉ oder ⌈←⌉   Ein Zeichen nach links

⌈Ctrl⌉⌈D⌉ oder ⌈→⌉   Ein Zeichen nach rechts

⌈Ctrl⌉⌈E⌉ oder ⌈↑⌉   Ein Zeichen nach oben

⌈Ctrl⌉⌈X⌉ oder ⌈↓⌉   Ein Zeichen nach unten

Cursor

Hinweis:

Die Cursortasten sind wie folgt angeordnet:

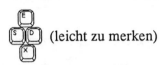 (leicht zu merken)

Neben diesen Zeichen sitzen die Zeichen zur wortweisen Rechts-/Linksbewegung und seitenweisen Auf-/Abbewegung.

wortweise Bewegung

⌷Ctrl⌷Ⓐ oder ⌷Ctrl⌷⟵   Ein Wort nach links

⌷Ctrl⌷Ⓕ oder ⌷Ctrl⌷⟶   Ein Wort nach rechts

⌷Ctrl⌷Ⓡ oder ⌷Ctrl⌷⬆   Eine Seite nach oben

⌷Ctrl⌷Ⓒ oder ⌷Ctrl⌷⬇   Eine Seite nach unten

Der ganze Bildschirm kann verschoben werden, ohne die Cursorposition zu ändern:

zeilenweise Bewegung

⌷Ctrl⌷Ⓦ   Bildschirm eine Zeile nach oben

⌷Ctrl⌷Ⓩ   Bildschirm eine Zeile nach unten

Finden bestimmter Positionen im Text:

⌷Ctrl⌷Ⓠ ⌷Ctrl⌷Ⓔ   Cursor in die oberste Bildschirmzeile
(oder ⌷Ctrl⌷-<Home>)

Cursor positionieren

⌷Ctrl⌷Ⓠ ⌷Ctrl⌷Ⓧ   Cursor in die unterste Bildschirmzeile
(oder ⌷Ctrl⌷-<End>)

⌷Ctrl⌷Ⓠ ⌷Ctrl⌷Ⓡ   Cursor an Textanfang
(oder ⌷Ctrl⌷<PgUp>)

⌷Ctrl⌷Ⓠ ⌷Ctrl⌷Ⓒ   Cursor an Textende
(oder ⌷Ctrl⌷ <PgDn>)

⌷Ctrl⌷Ⓠ ⌷Ctrl⌷Ⓟ   Cursor an letzte Cursorposition

Einfügen und
Löschen

3. Befehle zum Einfügen und Löschen

| ⌫ | Löschen eines Zeichens links vom Cursor |

| Ctrl G | Löschen eines Zeichens unter dem Cursor |

| Ctrl T | Löschen eines Wortes rechts vom Cursor |

| Ctrl Y | Löschen einer Zeile |

| Ctrl Q Ctrl Y | Löschen bis Zeilenende |

| Ctrl N | Einfügen einer Zeile |

4. Blockbefehle

Unter einem Block ist ein zusammenhängender Text zu verstehen, der durch eine Anfangs- und Endmarkierung (Block-Marker) gekennzeichnet ist. Ein solcher Block kann dann bewegt, gelöscht oder von und auf Disketten kopiert werden.

Block markieren

Ctrl K Ctrl B   Anfangsmarkierung
(oder Taste <F7>)

Ctrl K Ctrl K   Endmarkierung
(oder Taste <F8>)

Ctrl K Ctrl T   Ein einzelnes Wort markieren

Ctrl K Ctrl H   Umschalten Block anzeigen. Schaltet zwischen normaler Darstellung und hervorgehobener Bildschirmdarstellung für den Block.

Ctrl K Ctrl V   Vorher markierten Block zu Cursorposition bewegen

Block löschen   Ctrl K Ctrl Y   Löschen eines Blocks

`Ctrl` `K` `Ctrl` `R`	Block von Diskette lesen	***Block lesen***
`Ctrl` `K` `Ctrl` `W`	Block auf Diskette schreiben	***Block schreiben***
`Ctrl` `K` `Ctrl` `C`	Block an Cursorposition kopieren	***Block kopieren***

5. Verschiedenes

`Ctrl` `I` (oder <TAB>)	Tabulator an die Spalte des letzten Zeilenanfangs	***Tabulator***
`Ctrl` `Q` `Ctrl` `L`	Ursprünglicher Inhalt der aktuellen Zeile	***Irrtum***
`Ctrl` `U`	Abbruch eines Kommandos	
`Ctrl` `P`	Voranstellen von Eingabe eines Ctrl-Zeichens in den Text	***Ctrl-Zeichen***
`Ctrl` `Q` `Ctrl` `F`	Finden eines Strings bis 30 Zeichen Länge	***Finden im Text***

Der zu findende String wird eingegeben und mit ⏎ abgeschlossen (Ctrl-Zeichen mit `Ctrl` `P` einfügen).

Dann wird nach Optionen gefragt:

<B>	Rückwärts suchen ab Cursorposition (sonst vorwärts).
<G>	Global suchen (d.h. im ganzen Text).
<Zahl>	Gibt an, das wievielte Auftreten des Textes gefunden werden soll.
<U>	Groß-/Kleinschreibung ignorieren.
<W>	Nur ganze Wörter finden (sonst auch Auftreten des Textteils in anderen Texten).

`Ctrl` `Q` `Ctrl` `A`	Finden und Ersetzen Wie Finden. Mit zusätzlicher Angabe	***Ersetzen im Text***

des Ersatztextes. Optionen wie bei Finden. Zusätzlich:

<Zahl>   Anzahl der zu ersetzenden Textmuster.

N   Ersetzen ohne Nachfrage (Y/N).

⌈Ctrl⌉⌈L⌉   Letztes Finden wiederholen

Übung:

Wir schreiben einen kleinen Bericht für die Schülerzeitung über unsere ersten Eindrücke vom Informatikunterricht.

Starten Sie Turbo-Pascal, und legen Sie ein neues Workfile mit dem Namen Brief an. Wählen Sie den Editor an, und schreiben Sie den folgenden Text.

Übungstext

```
Meine ersten Eindruecke vom Fach Informatik:

Zuerst haben wir den Rechner kennengelernt. Dieser
besteht aus einem Gehäuse mit einer Schreibmaschi-
nentastatur, einem Bildschirm und zwei Disketten-
laufwerken. Die Disketten werden zum Abspeichern
von Programmen und Daten verwendet. Es handelt
sich dabei um runde, magnetisch beschichtete
Scheiben, auf denen wie auf einem Tonband magneti-
sche Spuren geschrieben werden. Der Bildschirm
wird für die Ausgaben, die Tastatur für die Einga-
ben verwendet.

Als der Rechner eingeschaltet wurde, hat er uns
erst einmal freundlich begrüßt. Doch dann wurde es
etwas komplizierter. Wir mußten uns einige Befehle
merken, um mit dem Rechner zu kommunizieren. Ich
nehme aber an, daß man sich im Laufe der Zeit an
diese Befehle gewöhnen wird.

Der Rechner scheint sehr penibel zu seim. Er rea-
giert sofort auf jeden Fehler und läßt keine Unge-
nauigkeiten zu.
```

Fehler-korrekturen

Da, ein Tippfehler! In der drittletzten Zeile muß es "sein" statt "seim" heißen. Mit den Pfeil-Tasten bewegen wir den Cursor auf das zu verbessernde "m", ändern die Einstellung von *Insert* auf *Overwrite* (mit der <Ins>-Taste) und das "m" in "n".

Statt "Rechner" soll es im ganzen Text "Computer" heißen. Dazu gehen wir zuerst an den Anfang des Textes (mit <Ctrl>-<Home>) und tippen dann <Ctrl>-<Q> <Ctrl>-<A>.

Nun wird zuerst das zu ersetzende Wort "Rechner", dann das Ersatzwort "Computer" und schließlich die Option "N20" eingegeben. Die Option besagt, daß die nächsten 20 Wörter "Rechner" (das sind etwas mehr als tatsächlich vorhanden – so brauchen wir nicht zu zählen) ohne Nachfrage ersetzt werden. Führen Sie das Ganze noch einmal umgekehrt (Computer gegen Rechner ersetzen) aus, wählen Sie aber nur die Option 20!   *Ersetzen*

Wir wollen "per Hand" das Wort "Ungenauigkeiten" durch "Unregelmäßigkeiten" ersetzen. Dazu bewegen wir den Cursor an den Anfang des Wortes und löschen es mit <Ctrl>-<T>. Nun wird das neue Wort eingegeben.

Wir verlassen den Editor mit <Ctrl>-<K> <Ctrl>-<D> und speichern den Text mit <S>.   *Beenden*

Verlassen Sie Turbo Pascal mit <Q>.

Nun bringen wir den Text auf den Drucker.   *Druckerausgabe*

Die einfachste Methode ist die, von MS-DOS aus mit <Ctrl>-<PrtSc> die Ausgabe auf den Drucker umzuleiten.

Mit TYPE Brief.Pas <Return> lassen wir den Text ausgeben.

... und der Text wird ausgedruckt.

Nach der Druckerausgabe schalten wir den Ausgabekanal mit <Ctrl>-<PrtSc> wieder auf den Bildschirm.   *Umschalten des Ausgabekanals*

Sollte kein Drucker vorhanden sein, so simulieren wir mit dem Bildschirm den Drucker, indem wir nicht <Ctrl>-<PrtSc> drücken.

Übungen:

2.2.1   Speichern Sie den Text auf einer anderen Diskette ab.

2.2.2   Wie kommt man auf möglichst einfache Weise an Anfang und Ende eines Textes?

2.2.3   Schreiben Sie einen Text, und kopieren Sie ihn auf möglichst einfache Weise 10mal.

2.2.4   Schreiben Sie sich "Entschuldigungsformulare" für verschiedene Anlässe (Unwohlsein, Mangel an Verständnis, Goldhamster gestorben usw.), und drucken Sie diese.

2.3 Unser erstes Programm (Umgang mit dem Compiler)

Wir wollen nun ein einfaches Programm schreiben und es übersetzen sowie ausführen lassen, um zu erlernen, wie das Turbo Pascal-System zu benutzen ist.

Speicherplatz   Das Programm begrüßt den Benutzer und gibt ihm an, wieviel Speicherplatz noch im Rechner vorhanden ist. MEMAVAIL ergibt unter MS-DOS den freien Speicherplatz in Paragraphen (ein Paragraph hat 16 Byte).

Workfile   Benennen wir zuerst das Workfile durch Drücken der Taste <W> aus dem Menü: SPEICHER. Dann wählen wir den Editor (mit <E> aus dem Menü). Nun tippen wir den folgenden Text ein. Jede Zeile wird mit <Return> abgeschlossen. Eingerückt wird mit der Leertaste, ausgerückt mit der <BS>-Taste oder mit <Pfeil-Links>.

Programmtext

```
PROGRAM Speicher;

VAR Mem : REAL;

BEGIN
 CLRSCR;
 WRITELN ('Guten Tag');
 WRITELN;
 WRITELN ('Der freie Speicher beträgt: ');
 Mem:=MEMAVAIL * 16;
 WRITELN (Mem : 5 : 0);
 WRITELN ('Byte.');
 WRITELN (' Ende mit <Return>');
 READLN
END.
```

Nachdem der Text eingegeben ist, verlassen wir den Editor mit <Ctrl>-<K> <Ctrl>-<D>. Mit <S> speichern wir dieses Programm erst einmal ab. Nun gibt es zwei Möglichkeiten, das Programm auszuführen: *Beenden*

1. Mit <R> wird das Programm im Rechnerspeicher übersetzt   *Ausführen*
   und ausgeführt.

2. Mit <O> und <C> wird die Compiler-Option COM gewählt,   *COM-file*
   dann das Compiler-Optionen-Menü mit <Q> verlassen und
   mit <C> das Programm auf die Diskette übersetzt. Nun wird
   das Turbo-System verlassen (mit <Q>) und vom MS-DOS
   aus durch Eingabe des Namens SPEICHER das Programm
   (SPEICHER.COM) abgearbeitet.

Wenn Fehler auftreten

Bei der Eingabe eines Programms mit dem Editor können Fehler auftreten. Zwei Arten von Fehlern treten relativ häufig auf:

Syntax-Fehler (d.h. vergessenes Semikolon, falsch geschriebene reservierte Wörter usw.) oder Fehler im logischen Aufbau des Programms (z.B. Benutzung einer Variablen, die nicht erklärt wurde).

Beim Übersetzen des Programms merkt und meldet der Compiler solche Fehler. Durch Drücken der <ESC>-Taste gelangen   *ESC-Taste*
wir dann in den Editor zurück und können den Fehler korrigieren.

Weiterhin können Fehler bei der Ausführung des Programms auftreten. So könnte es z.B. passieren, daß Variablen derartige Ergebnisse bekommen, daß durch null dividiert wird. Dies ist sicher nicht korrekt und führt zu einem Programmabbruch. Vom System wird dann die Speicherstelle angegeben, bei der der Abbruch auftrat, und im Programmtext nach der fehlerhaften Stelle gesucht. Wieder können wir durch Drücken der <ESC>-Taste in den Editor zurückgehen und den Fehler korrigieren.

2.4 Zusammenfassung

Was haben wir erreicht?

Wir kennen nun die wichtigsten Befehle des MS-DOS-Betriebs-
systems und wissen, wie man mit Turbo Pascal umgeht. Insbesondere haben wir die wichtigsten Befehle des Turbo-Editors
kennengelernt und können nun Texte damit schreiben und verändern. Selbst ein kleines Programm haben wir erfolgreich erstellt und getestet.

Konzept und Aufbau
eines Pascal-Programms

In diesem Kapitel wird dargestellt, nach welchen Grundprinzipien ein jedes Pascal-Programm und seine Teile aufgebaut sind. Außerdem erfährt der Leser hier einfache Ein- und Ausgabebefehle, damit es möglich wird, kleine Programme zu schreiben.

Der Deklarationsteil eines Programms wird vorgestellt als der Teil, in dem für das Programm und seine Teile geklärt wird, welche Variablen und Konstanten benutzt werden. Dazu werden einige einfache Variablentypen dargestellt und an Beispielen verdeutlicht.

Zur Anwendung des Gelernten werden einige Beispielprogramme erstellt, an denen auch die im Pascal vorhandenen arithmetischen Operationen vorgestellt werden.

Mit der Darstellung einiger Grafikbefehle wird die Voraussetzung für Grafikanwendungen in Übungen geschaffen.

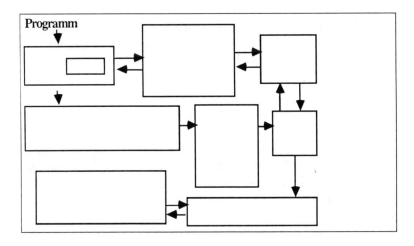

Nach dem Lesen dieses Kapitels

– kennen wir die Blockstruktur von Pascal-Programmen (BEGIN..END) und können sie anwenden;
– kennen wir die einfachen Ein- und Ausgabebefehle READ, READLN, WRITE, WRITELN und können sie anwenden;
– können wir zwischen Konstanten und Variablen unterscheiden;
– kennen wir den Aufbau eines Pascal-Programms mit folgenden Teilen: Titel – Deklarationsteil – Programmtext;
– kennen wir einfache Prozeduren;
– wissen wir, wie man den Drucker innerhalb des Programms verwenden kann;
– kennen wir die in Pascal möglichen arithmetischen Operationen;
– können wir kleine Rechen- und Grafikprogramme erstellen.

3.1 Das Grundprinzip eines Pascal-Programms und seiner Teile

Struktur   Man hört häufig, daß Pascal eine strukturierte Programmiersprache sei. Was ist damit gemeint?

– Das ganze Pascal-Programm hat eine bestimmte Struktur, auf die wir gleich zu sprechen kommen. Außerdem hat jeder Teil des Programms eine sehr ähnliche Struktur.

Die Strukturen, um die es sich hier handelt, werden oft Blökke genannt (siehe Blockdiagramme) und sind so geartet, daß sie eine recht einfache Lösung eines Programmierproblems zulassen.

Hier ein Beispiel eines Pascal-Programms:

(Das Programm ist recht umfangreich, damit möglichst einige verschiedene Strukturen sichtbar werden – es ist sicher an dieser Stelle noch nicht zu verstehen und kann eventuell als Übung für den Umgang mit dem Editor eingetippt und gestartet werden.)

Programmkopf

Deklarationsteil

Hauptprogramm

```
PROGRAM Vielecke;
{Beispielprogramm mit Prozeduren - fuer grafikfaehige Rechner}

{$I GRAPH.P}  {ruft die Grafikbibliothek auf. Dazu muessen
       die Dateien GRAPH.P und GRAPH.BIN auf der Diskette sein! }

VAR Frage:CHAR;          {fuer die Frage nach weiterem Vieleck}

PROCEDURE Rahmen;        { zeichnet Rahmen auf Bildschirm }
 BEGIN
  PenUp;                 { ohne Farbe zum Ursprung }
  SetPosition(-159,-99);
  SetHeading(90);        {Turtle nach rechts}
  PenDown;               { mit Farbe zu allen Ecken }
  Forwd(320);
  TurnLeft(90);
  Forwd(200);
  TurnLeft(90);
  Forwd(320);
  TurnLeft(90);
  Forwd(200);
  TurnLeft(90);
 END; { von Rahmen }

 PROCEDURE Vieleck;      { zeichnet Vieleck }
  CONST MaxN = 25;       { maximale Eckenzahl }
  VAR X, Y, Laenge, Winkel, I, N : INTEGER;

 BEGIN
   WRITE ('Eingabe der Eckenzahl: ');
   READLN (N);
   IF N>MaxN THEN BEGIN
    WRITELN ('zu viele...');
    WRITELN ( MaxN , ' Ecken !');
    N := MaxN
   END; { von if }
   WRITE ('Eingabe Seitenlaenge: ');
   READLN (Laenge);
   WRITE ('Anfang bei X= ');
   READLN (X);
   WRITE ('   und bei Y= ');
   READLN (Y);
   Winkel := 360 DIV N;
   ClearScreen;          { Grafikbildschirm loeschen }
   Rahmen;               { Prozedur Rahmen aufrufen }
   PenUp;                { ohne Farbe zum Anfangspunkt }
   SetPosition(X,Y);
   PenDown;              { mit Farbe Vieleck zeichnen }
   FOR I:=1 TO N DO BEGIN
    Forwd(Laenge);
    TurnLeft (Winkel)
   END; { von for }
   READLN
 END;                    { von Vieleck }

 BEGIN                   {HAUPTPROGRAMM}
   WRITELN ('Dieses Programm zeichnet Vielecke');
   WRITELN ('weiter mit RETURN');
   Graphmode;
   REPEAT                { Wiederhole...bis Frage='N' }
    Vieleck;             { Prozedur Vieleck aufrufen }
```

```
ClrScr; {Bildschirm loeschen}
WRITE ('wollen Sie noch ein N-Eck (J/N)?');
READ (Frage);
WRITELN
UNTIL Frage="n"
END. { Programmende }
```

Das Programm Vieleck bewirkt bei grafikfähigen Rechnern, daß ein regelmäßiges n-Eck mit vorgegebener Eckenzahl und Seitenlänge an die Stelle (X,Y) gezeichnet wird. Die Funktion des Programms ist größtenteils im Programmtext selbst durch eingefügte Kommentare erklärt.

Kommentar

→ Kommentar wird in geschweiften Klammern {Kommentar} geschrieben. Da viele Rechner diese Zeichen nicht darstellen können, wird oftmals als Ersatzzeichen (* Kommentar *) verwendet.

Hier sollen die Befehlsfolgen des Programms nicht im einzelnen erklärt werden. Dies wird in den folgenden Kapiteln geschehen. Vielmehr wollen wir uns die Struktur des Programms ansehen.

Wir teilen das Programm in drei große Abschnitte ein:

Teile des Programms

1. Programmkopf
2. Deklarationsteil (mit Prozeduren/Funktionen)
3. Hauptprogramm

1. Programmkopf

Zu 1.: Der Programmkopf besteht aus dem reservierten Wort PROGRAM und dem Programmnamen.

2. Deklarationsteil
Include-Anweisung

Zu 2.: Möglicherweise müssen Programmteile dazugeladen werden, die von anderen Programmierern erstellt wurden. Dies kann mit der Include-Anweisung {$I...} geschehen. Dann werden Konstanten, Datentypen und Variablen vereinbart, die im Programm vorkommen und gebraucht werden.

Prozeduren/ Funktionen

Weiterhin folgen alle Prozeduren und Funktionen des Programms. Prozeduren sind Unterprogramme, die vom Hauptprogramm aufgerufen und dann abgearbeitet werden. Die Prozeduren haben die gleiche Form wie ein Hauptprogramm selbst, d.h. sie bestehen aus dem Prozedurkopf mit Deklarationsteil, evtl. aus weiteren Prozeduren und dem Prozedurrumpf mit den Befehlen zwischen BEGIN und END.

Außer den Prozeduren können noch Funktionen im Programm enthalten sein, die sich etwas in Form und Gebrauch von Prozeduren unterscheiden (siehe Kapitel 9 und Kapitel 10).

Zu 3.: Das Hauptprogramm fängt mit BEGIN an und hört mit END. auf. Es besteht aus einzelnen Anweisungen und Blöcken von Anweisungen, die jeweils durch BEGIN und END zusammengehalten werden. *3. Hauptpro-gramm*

In manchen Programmiersprachen wird die Reihenfolge der Befehle durch Zeilennummern (z.B. in BASIC) oder Sprünge zu bestimmten Zeilennummern bestimmt. *GOTO*

Anders in Pascal. Hier werden Befehle immer in der beschriebenen Reihenfolge abgearbeitet – für BASIC-Anwender erst ein wenig unverständlich.

→ Hinweis: Auch in Pascal gibt es den Sprungbefehl GOTO. Er kann aber in allen Fällen vermieden und durch andere Strukturen ersetzt werden. Im Hinblick auf ein systematisches und übersichtliches Programmieren wird auf diese Möglichkeit in diesem Buch nicht eingegangen.

→ Alle Pascal-Befehle werden durch ein Semikolon (;) voneinander getrennt. *Regeln*

→ Pascal-Befehle werden immer in der Reihenfolge abgearbeitet, in der sie auftreten.

→ Die Anweisungen des Programms werden zwischen BEGIN und END geschachtelt.

→ Nach BEGIN kein Zeichen!

→ Vor END kann ein Semikolon stehen, sollte jedoch nicht. (Nur ein Semikolon allein erzeugt nämlich eine leere Anweisung.)

→ Nach END folgt ein Punkt, wenn es das Ende des Hauptprogramms darstellt, sonst ein Semikolon.

Ein einfaches Programm, das nur aus einem Hauptprogramm besteht, d.h. ein Programm ohne Unterprogramme (Prozeduren/Funktionen) hat demnach folgende Form:

Programm-
struktur

```
PROGRAM programmname;

CONST...;
TYPE...;
VAR...;

BEGIN
   ....
   ....
   Anweisungen (durch Semikolon getrennt)
   ....
   ....
END.
```

Ein Programm mit Prozeduren und Funktionen hat die Form:

```
PROGRAM programmname;

CONST...;
TYPE...;
VAR...;

PROCEDURE prozedurname;
 CONST...;
 VAR...;
 BEGIN
  ...
 END;

PROCEDURE prozedurname (werteparameter);
 CONST...;
 VAR...;
 BEGIN
  ...
 END;

PROCEDURE prozedurname (VAR variablenparameter);
 CONST...;
 VAR...;
 BEGIN
  ...
 END;

PROCEDURE prozedurname (werte, VAR variablen);
 CONST...;
 VAR...;
```

```
BEGIN
  ...
END;

FUNCTION funktionsname (werteparameter) : typ;
  CONST...;
  VAR...;
  BEGIN
    ...
  END;

BEGIN { Hauptprogramm }
  ...
END.
```

Übungen:

3.1.1 Was gehört alles zum Deklarationsteil eines Programms?

3.1.2 Nehmen Sie Stellung zu der Aussage: "Vor einem END darf ein Semikolon stehen, sollte aber nicht".

3.1.3 Schreiben Sie ein "Pascal"-Programm "Zähneputzen". Überlegen Sie sich, was im Deklarationsteil stehen muß, und achten Sie auf die Reihenfolge der Anweisungen.

3.1.4 Zeigen Sie Ähnlichkeiten zwischen Kochrezepten und Pascal-Programmen auf.

3.2 Ein- und Ausgabebefehle – ein kleines Programm

Nun wird es aber bezüglich der Programmierung in Pascal ernst. Wir wollen, nachdem einige einfache Befehle geklärt sind, ein weiteres kleines Programm schreiben.

Um mit dem Computer über ein Programm in Kontakt treten zu können, brauchen wir sogenannte Ein- und Ausgabebefehle (die Ein- und Ausgabebefehle beziehen sich vorerst nur auf Eingaben mit der Tastatur und Ausgaben auf den Bildschirm):

WRITE und WRITELN:
Diese Befehle sind Ausgabebefehle, die übersetzt soviel heißen wie "schreibe". WRITE wird immer dann gebraucht, wenn nach dem geschriebenen Wort oder der geschriebenen Zahl in der gleichen Zeile weitergeschrieben werden soll.

WRITE/
WRITELN
(Ausgabe)

49

CR   Wenn nach der Ausgabe ein Zeilenvorschub (Carriage Return oder kurz: CR) folgen soll, d.h. wenn das Nächstgeschriebene in einer neuen Zeile anfangen soll, so wird WRITELN (sprich "writeline") verwendet.

Leerzeile   Steht WRITELN allein, so wird nur eine Leerzeile geschrieben. Ansonsten werden die Befehle gefolgt von runden Klammern, in denen sich das zu Schreibende befindet.

Beispiele: WRITELN (Wert) schreibt den Dateninhalt von "Wert", WRITELN (Wert1,Wert2,Wert3) wie oben, aber für drei Daten. WRITELN ('Dies ist ein Beispiel') schreibt den Satz "Dies ist ein Beispiel" auf das Ausgabegerät (meistens Bildschirm).

mehrere Daten   → Wenn mehrere Daten, Variablen, Worte, Sätze usw. ausgegeben werden sollen, so werden sie in der Klammer jeweils durch ein Komma voneinander getrennt.

Text   → Wenn Text in der Klammer steht, so muß er stets durch Hochkomma angeführt und beendet werden. (Das Hochkomma wird natürlich später nicht mit ausgegeben!)

READ/READLN
(Eingabe)   READ und READLN:
Dies sind Eingabebefehle, die übersetzt soviel wie "lies" heißen. Mit READ wird ein Zeichen an den Rechner übergeben. Die Eingabe erfolgt durch Tastendruck (also ohne die <Return>-Taste).

READLN (sprich "readline") ermöglicht es, eine Zahl oder ein Wort einzugeben. Der Name der einzugebenden Variablen steht wieder in einer Klammer hinter dem READLN-Befehl.

Die READLN-Eingabe wird mit der <Return>-Taste abgeschlossen.

Beispiel: READLN (Wert) übergibt eine einzugebende Zahl der Variablen Wert (vorausgesetzt, der Name Wert steht für eine Zahlenvariable).

<Return>   →Später im Programmlauf muß nach dem Eintippen der Zahl (oder des Wortes) die <Return>-Taste gedrückt werden, um dem Rechner zu signalisieren, daß die Eingabe beendet ist.

Wir wollen nun ein kleines Programm schreiben, das einige
Sätze auf unseren Bildschirm schreibt. Gehen Sie in den Editor!

Geben Sie nun den folgenden Programmtext ein:

jetzt aber...

```
PROGRAM Saetze;

BEGIN
   WRITELN ('Dies ist ein kleines Programm,');
   WRITELN ('das ein paar Worte auf den Bildschirm');
   WRITELN ('bringen soll.')
END.
```

→ Beachten Sie: vor dem END sollte kein Semikolon stehen,
  kann aber.

END

Befehlswörter dürfen auch klein geschrieben werden – in den
folgenden Programmen werden Befehlswörter (reservierte
Wörter, Kap. 4) vom anderen Text optisch getrennt.

Nachdem Sie dieses Programm im Editor eingetippt haben,
verlassen Sie den Editor mit <Ctrl>-<K> <Ctrl>-<D>. Dann
rufen Sie den Compiler auf oder tippen einfach "R" für Run,
damit das Programm übersetzt und gestartet wird.

Nun sollte der Rechner den folgenden Text auf den Bildschirm
schreiben:

```
Dies ist ein kleines Programm,
das ein paar Worte auf den Bildschirm
bringen soll.
```

Es könnte sein, daß dies nicht der einzige Text auf Ihrem Bildschirm ist, sondern sich noch die Kommandozeile oder irgend-
welcher früher geschriebener Text auf dem Bildschirm befindet.

Fügen Sie einfach nach BEGIN eine Zeile ein, die so aussieht:

*Bildschirm
löschen CLRSCR*

```
   CLRSCR; {für ClearScreen}
```

Dieser Befehl bewirkt, daß der Bildschirm gelöscht wird.

Bildschirmkoor-
dinaten Goto XY

Wenn wir die Ausgabe an einer bestimmten Stelle des Bildschirms haben wollen, so verwenden wir

```
GOTOXY (x,y);
```

mit x,y ganzzahlige Koordinaten der entsprechenden Bildschirmstelle. Die obere linke Ecke hat die Koordinaten (1,1) und die untere rechte Ecke (80,24).

Ein Beispiel:

```
PROGRAM Bildschirmtest;

BEGIN
 GOTOXY (10,20);
 WRITELN ('Noch ein...');
 GOTOXY (15,30);
 WRITELN ('Testtext.')
END.
```

Im folgenden noch einige Anmerkungen zu den Ausgabebefehlen, die Sie erst verwenden können, wenn Sie mit Zahlen und Variablen arbeiten:

Ausgabe mit
Format
Ganze Zahlen

Formatierte Ausgabe:

Wenn ganze Zahlen mit einer bestimmten Stellenzahl ausgegeben werden sollen, so benutzt man die Form:

```
WRITELN (Ganzezahl:Stellenzahl)
```

Beispiel: WRITELN (Wert1:4, Wert2:5) bewirkt, daß Wert1 mit 4 Stellen und Wert2 mit 5 Stellen rechtsbündig ausgegeben wird.

Dezimalzahlen

Sollen Dezimalzahlen mit einer bestimmten Stellenzahl und einer bestimmten Nachkommastellenzahl ausgegeben werden, so ist die Form:

```
WRITELN (Dezzahl:Stellenzahl:Nachkomma)
```

Beispiel: WRITELN (Wert:7:2) bewirkt, daß Wert mit insgesamt 7 Stellen und davon 2 Stellen hinter dem Dezimalpunkt ausgegeben wird.

→   Achtung: Der Dezimalpunkt zählt bei der Stellenzahl mit!

Noch einige Beispiele: *Beispiele*

Variable:	Inhalt:	Ausgabebefehl:	Ausgabe:
Wert1	123	WRITELN(Wert1:5)	→ 123
Wert2	12	WRITELN(Wert2:2)	→12
Wert3	12.4	WRITELN(Wert3:5:2)	→12.40
Wert4	12.4	WRITELN(wert4:7:3)	→ 12.400

Sie sollten – als guter Programmierer – darauf achten, daß der
Inhalt der Variablen die vorgegebene Stellenzahl nicht über-
schreitet.

Druckerausgabe: *Drucker*

Zur Ausgabe auf den Drucker genügt es, als ersten Wert in der
Werteliste von WRITE oder WRITELN den Bezeichner Lst
aufzunehmen.

Beispiel:

```
WRITELN (Lst,'Guten Tag!');
WRITELN (Lst,a,b,c);
```

Übungen:

3.2.1 Was ist der Unterschied zwischen WRITE und
       WRITELN?

3.2.2 Welche Ausgabe bewirken folgende Programmzeilen:

```
Zahl := 15.37;
WRITELN (zahl:10:4);
```

3.2.3 Schreiben Sie ein Programm, das einen Satz einliest und
       wieder ausgibt. Erweitern Sie Ihr Programm so, daß der
       eingelesene Satz zehnmal nacheinander ausgegeben wird.

3.2.4 Schreiben Sie ein Programm, das ein Viereck, dessen
       Seitenlinien aus "*" bestehen, auf den Bildschirm zeich-
       net.

3.2.5 Was geschieht, wenn der Bildschirm voll ist?

3.2.6 Programme bestehen meistens aus folgenden Teilen
(EVA-Prinzip):

Eingabe;
Verarbeitung;
Ausgabe.

Erläutern Sie diese Aussage!

3.3 Konstanten und Variablen

Beispiel

```
PROGRAM Beispiel;

CONST Pi = 3.1416;
VAR Radius, Flaeche : REAL;

BEGIN
  WRITE ('Radius: ');
  READLN (Radius);
  Flaeche := Pi * Radius * Radius;
  WRITELN ('Flaeche=' ,Flaeche:7:2)
END.
```

Das im letzten Abschnitt erstellte Programm bestand nur aus dem Programmkopf und dem Hauptprogramm zwischen BEGIN und END. Es hatte noch keine Konstanten und Variablen.

Variablen:

Variablen

Variablen sind Speicherplätze im Rechner, in denen Zahlen, Buchstaben, Wörter oder andere Objekte (die wir später noch kennenlernen) gespeichert werden. Eine Variable hat einen Namen (Variablenname), einen sogenannten Datentyp und einen Dateninhalt. Mit der Variablen kann genauso gearbeitet werden wie mit den Daten selbst. Mit einer Zahlenvariablen kann z.B. genauso gerechnet werden wie mit anderen Zahlen. Der Name der Variablen und ihr Typ werden im Deklarationsteil des Programms festgelegt. Der Dateninhalt wird der Variablen aber erst im Programm zugewiesen und kann jederzeit geändert werden.

Konstanten:
Eine Konstante ist ähnlich der Variablen ein Speicherplatz, der einen Namen und einen Dateninhalt hat. Jedoch läßt sich der Dateninhalt der Konstanten nicht mehr im Programm verändern. Der Inhalt wird im Deklarationsteil festgelegt.

Konstanten

→ Merke: Wir unterscheiden für Konstanten und Variablen:

Name – Datentyp – Dateninhalt

Name /Typ/
Inhalt

Bei Variablen werden Namen und Datentypen im Deklarationsteil festgelegt und die Dateninhalte im Programm zugewiesen.

Bei Konstanten werden Namen und Dateninhalte (und damit Datentypen) nur im Deklarationsteil festgelegt.

Global:
Konstanten und Variablen, die im Deklarationsteil des Programms festgelegt sind, heißen "global". Sie können überall im Programm verwendet werden (also auch in den Prozeduren und Funktionen).

Global/Lokal

Später (Kap. 9/10) werden wir noch lokale Konstanten und Variablen kennenlernen, die nur in der jeweiligen Prozedur/ Funktion gültig sind.

Variablennamen:
Die Variablennamen (sog. Bezeichner) sind beliebig und können bei Turbo Pascal bis zu 127 alphanumerische Zeichen oder Unterstriche enthalten, die alle signifikant sind. Das erste Zeichen muß ein Buchstabe oder ein Unterstrich (_) sein. Sonderzeichen sowie Namen von Pascal-Befehlen dürfen nicht verwendet werden (reservierte Wörter, siehe Kap. 4).

erlaubte Namen

Beispiele für richtige und falsche Variablen- und Konstantennamen:

Beispiel

A	: richtig
Test	: richtig
x3	: richtig
1a	: falsch (1. Zeichen muß Buchstabe sein)
X-oben	: falsch (keine Sonderzeichen)

Deklaration   CONST:
Die Deklaration der Konstanten beginnt mit dem Wort CONST. Danach werden, durch Semikolon getrennt, die Konstanten aufgeführt, indem den Konstantennamen durch ein Gleichheitszeichen ein Wert zugewiesen wird.

VAR:
Die Variablendeklaration beginnt mit dem Wort VAR und zählt danach die Namen der Variablen und ihren Typ auf. Die Form: Variablenname, Doppelpunkt, Typ. Verschiedene Variablen gleichen Typs können vor dem Doppelpunkt durch Kommata getrennt aufgezählt werden. Mehrere Variablendeklarationen werden durch Semikolon voneinander getrennt.

Beispiel   Beispiel:

```
CONST Vier=4;
      Dez=5.7;
      Elf=11;
      Neun=10;

VAR   Wert : INTEGER;
      Zahl,Volumen : REAL;
```

Damit wir mit der Variablendeklaration etwas anfangen können, werden hier kurz die sogenannten einfachen Datentypen dargestellt. (Genaue Beschreibung siehe Kap. 5.)

Datentypen   Einfache Datentypen:

INTEGER:
Ganze Zahlen. Der Zahlenbereich ist beschränkt. Er reicht von −32768 bis +32767.

REAL:
Dezimalzahl. Eine Dezimalzahl kann auf einem Computer ebenfalls nur mit einer beschränkten Genauigkeit angegeben werden. Sollten bei sehr kleinen Zahlen die Stellen hinter dem Dezimalpunkt oder bei großen Zahlen die Stellen davor nicht ausreichen, so werden die Zahlen in der Zehnerpotenzschreibweise (wie beim Taschenrechner) angegeben.

Beispiel: Statt 300000000000 kann 3E11 (sprich: $3*10^{11}$) angegeben werden.

CHAR:
Zeichen. Eine Variable dieses Typs kann ein beliebiges Zeichen aus dem Zeichensatz des Rechners enthalten.

STRING:
Zeichenkette. Eine Zeichenkette ist eine Folge von beliebigen Zeichen. Ein String kann z.B. ein Wort, ein Name oder ein Satz sein.

BOOLEAN:
Logische Variable. Dieser Variablentyp kennt nur zwei mögliche Werte: "Wahr" oder "Falsch". In Pascal heißen diese Werte:

> TRUE – Wahr
> FALSE – Falsch

Im Programm kann also einer Booleschen Variablen der Wert TRUE oder FALSE zugewiesen oder dieser Wert abgefragt werden.

Nun noch ein kleines Beispielprogramm zur Übung des Umgangs mit Konstanten und Variablen.

Damit der Programmtext etwas übersichtlicher wird, rückt man für gewöhnlich einige Textzeilen ein. Außerdem sollte man möglichst einige Kommentare in den Text einfügen.   *Einrücken*

Kommentar läßt sich in geschweiften Klammern einfügen. Er wird beim Übersetzen des Programms vom Rechner nicht berücksichtigt.

Programm

```
PROGRAM Vartest;
{ Ein Programm zur Demonstration einfacher Typen }

CONST Drei=3;
      Elfkommadrei=11.3;

VAR   Ganz1,Ganz2 : INTEGER;
           Name : STRING[20];

PROCEDURE Eingabe; {Eingabe von Zahlen und Wörtern:}
BEGIN
 ClrScr; { Bildschirm löschen }
 WRITELN('Dies ist ein Testprogramm:');
```

```
WRITELN;
WRITE('Geben Sie eine ganze Zahl ein: ');
READLN(Ganz1);
WRITELN;
WRITE('Noch eine: ');
READLN(Ganz2);
WRITE('Geben Sie Ihren Namen ein: ');
READLN(Name);
END; { Ende der Eingabe }

PROCEDURE Ausgabe; { Ausgabeteil: }
BEGIN
 ClRSCR;
 WRITELN('Lieber ',Name,' !');
 WRITELN;
 WRITELN('Die Konstanten dieses Programmes');
 WRITELN('sind ',Drei,' und ',Elfkommadrei);
 WRITELN;
 WRITELN('Sie haben folgende Zahlen eingegeben:');
 WRITELN(Ganz1,' und ',Ganz2);
 WRITELN;
 WRITELN('...das war es.')
END; {Ende der Ausgabe}


BEGIN {Hauptprogramm}
 Eingabe;
 Ausgabe
END. { Programmende }
```

Programmtest   Tippen Sie dieses Programm bitte im Editor ein, und bringen Sie es mit Run zum Laufen.

Experimentieren Sie mit verschiedenen Eingaben, und ändern Sie das Programm nach Ihren Wünschen noch ein wenig (z.B. Ausgaben auf einem Drucker).

Übungen:

3.3.1 Welcher Fehler steckt in folgendem Programm:

```
PROGRAM Test;
   CONST Elf = 11;
   BEGIN
    Elf := Elf * 2;
    WRITELN (Elf)
   END.
```

3.3.2 Durch welche Anweisung läßt sich der Dateninhalt der Variablen WERT um die Zahl 4 erhöhen? (WERT sei vom Typ INTEGER.)

3.3.3 Wie unterscheiden sich CHAR und STRING?

3.3.4 Was geschieht, wenn Sie in das Programm "Vartest" als Zahlen 3.5 und –2.8 eingeben? Korrigieren Sie das Programm so, daß auch solche Eingaben möglich sind.

3.3.5 Was geschieht, wenn Sie statt Ihres Namens eine Zahl eingeben?

3.4 Pascal kann auch rechnen – Beispiele

Der Name unserer Maschine – Computer oder Rechner – hat damit zu tun, daß sie rechnen kann. Dies ist natürlich richtig. Man sollte an dieser Stelle allerdings anmerken, daß die Rechengenauigkeit und Rechengeschwindigkeit preiswerter Tischcomputer nicht überwältigend ist und von vielen Taschenrechnern oft übertroffen wird.   *Rechengenauig-keit*

Die Stärke des Tischcomputers liegt aber auch gar nicht auf diesem Gebiet, sondern vielmehr darin, daß er große Datenmengen sehr schnell verarbeiten kann und in der Lage ist, Texte zu verarbeiten.

Trotzdem kann unser Tischrechner natürlich rechnen. Auch die Rechengenauigkeit reicht für die meisten Anwendungen allemal aus!

Bevor wir uns den in Pascal möglichen arithmetischen Operationen zuwenden, sollten wir einige prinzipielle Überlegungen zum Rechnen anstellen.

Wertzuweisung/
Gleichheit

→ Wertzuweisung: Wenn man einer Variablen einen Wert zuweisen will (z.B. eine Zahl zuordnen oder das Ergebnis einer Rechenoperation zuordnen will), so benutzt man stets einen Doppelpunkt, der von einem Gleichheitszeichen gefolgt wird: ":=" (gelesen: "soll sein").

= oder :=

Wir müssen sehr genau zwischen "=" und ":=" unterscheiden.

=

Das einfache Gleichheitszeichen bedeutet, daß die beiden Ausdrücke rechts und links des Zeichens wirklich gleich sind, oder es wird in Aussagen gebraucht, die wahr oder falsch sein können. Bei der Deklaration von Konstanten z.B. ist dies der Fall. Auch wenn wir später sogenannte Entscheidungsbefehle kennenlernen, werden wir das einfache Gleichheitszeichen benutzen. Da wird dann nämlich gefragt, ob ein Ausdruck *gleich* einem anderen ist!

Anders sieht es bei dem Zeichen ":=" aus. Hierbei handelt es sich um eine sogenannte Zuweisungsoperation. Wir könnten es auch verstehen als "←". Dem Ausdruck vor diesem Zeichen wird der Ausdruck nach dem Zeichen zugeordnet. Logischerweise sollte man dieses Zeichen von rechts nach links lesen (bzw. verstehen).

Beispiele:

Beispiele

Die Variable Wert sei vom Typ INTEGER, Dez vom Typ REAL.

Wert:=3; bedeutet, daß der Variablen Wert die ganze Zahl 3 zugeordnet wird. Mit der Variablen Wert kann im folgenden genauso gerechnet werden wie mit der Zahl 3.

Der Befehl Dez:=Wert/2; ordnet der Variablen Dez die Dezimalzahl 1.5, nämlich Wert dividiert durch 2 zu.

Eine für Anfänger häufig etwas undurchsichtige Operation sieht folgendermaßen aus:

"Speichertrick"

Wert:=Wert + Wert;

Diese Operation berechnet Wert + Wert, d.h. 3 + 3, und ordnet es der Variablen Wert erneut zu, so daß die Variable Wert nach diesem Befehl den Zahlenwert 6 enthält.

Nun aber zu den arithmetischen Operationen:

Grundrechenarten:

Grundrechen-arten

```
+   : Addition
–   : Subtraktion
*   : Multiplikation
/   : Division (mit Ergebnis vom Typ REAL)
DIV : Division für ganze Zahlen
      (Ergebnis vom Typ INTEGER)
```

Bemerkungen: Dividiert man zwei Zahlen mit "/", so ist das Ergebnis stets vom Typ REAL (gleichgültig, von welchem Typ die Zahlen sind). Will man zwei ganze Zahlen (d.h. vom Typ INTEGER) dividieren und als Ergebnis wieder eine ganze Zahl erhalten, so benutzt man "DIV" als Rechenbefehl, und das Ergebnis ist vom Typ INTEGER. Sollte das Ergebnis der Division eine Dezimalzahl werden, so wird bei Benutzung von "DIV" als Ergebnis nur der Vorkommaanteil der Zahl benutzt (d.h. die Stellen nach dem Komma werden abgeschnitten, nicht gerundet!).

Spezielles zur Division

Die anderen Rechenoperationen haben als Ergebnis nur dann eine Zahl vom Typ INTEGER, wenn alle beteiligten Zahlen auch INTEGER sind.

Andere
Operationen

Andere Rechenoperationen:

Im folgenden sind i und j vom Typ INTEGER, r ist REAL, und x ist beliebig:

i MOD j   : Modulo. Berechnet den ganzzahligen Rest bei der Division der ganzen Zahlen i und j (i DIV j).

ABS(x)   : Absolutwert. Wandelt die Zahl x stets in eine positive Zahl.

TRUNC(r)   : Berechnet den ganzzahligen Anteil der Dezimalzahl. Das Ergebnis ist ganzzahlig. (Der Nachkommateil wird abgeschnitten, nicht gerundet!)

ROUND(r)   : Rundet die Dezimalzahl r zu einer ganzen Zahl.

SQR(x)   : Quadrat von x.

SQRT(x)   : Zweite Wurzel von x.

SIN(x)   : Sinus von x.

COS(x)   : Kosinus von x.

ARCTAN(x) : Arcustangens von x.

EXP(x)   : Exponentialfunktion ("e hoch x").

LN(x)   : Natürlicher Logarithmus von x.

→ Hinweis: Eine Standardfunktion zum Potenzieren ist in Pascal nicht vorgesehen. Wir können uns jedoch helfen mit:

$$a^b = EXP (b * LN(a))$$

Dies war eine kleine Übersicht über die Rechenbefehle in Pascal. Die meisten Befehle werden Sie vorerst wieder vergessen, Sie sollten aber wissen, wo man sie findet, wenn sie gebraucht werden.

Kleine Beispielprogramme

1. Beispiel:

Beispiel PAKET
Aufgabe

In einer Firma hat ein Angestellter folgende Aufgabe: Er soll Pakete einpacken. Die Pakete sind von unterschiedlicher Größe. Der Angestellte will wissen, wieviel Platz sie im Lager benötigen (Volumen), wieviel Packpapier (Oberfläche) und wieviel Paketschnur er braucht.

Damit er nicht bei jedem Paket umständlich rechnen muß, schreiben wir dem Angestellten ein kleines Programm, in das er Länge, Breite und Höhe des Paketes eingibt und das alle anderen Werte berechnet.

Die Formeln:
Sei Länge l , Breite b , Höhe h

Volumen: $V = l * b * h$
Oberfläche: $O = 2 * (l*b + l*h + b*h)$
Schnurlänge: $L = 2*l + 2*b + 4*h +$ Schleife

Die Schnurlänge für die Schleife sei 10 cm. Alle Längen werden in cm angegeben.

Wir planen erst einmal das Programm:

Programm PAKET
Konstante Schleife=10
Variablen   Länge,Breite,Höhe,Volumen,
Oberfläche,Schnur : REAL
Anfang
Eingabe der Werte Länge,Breite,Höhe
Berechnung von Vol.,Oberfl.,Schnurlänge
Ausgabe der Werte
Ende.

Blockdiagramm

```
PROGRAM Paket;

  CONST Schleife=10;    { fuer die Schleife }

  VAR Laenge, Hoehe, Breite, Volumen, Oberflaeche, Schnur:REAL;

  BEGIN { Hauptprogramm }
    ClrScr;           { loescht Bildschirm }
    { Eingabeteil: }
    WRITELN ('Paketprogramm:');
    WRITELN ('  alle Werte in cm ');
```

Programm

```
WRITELN;                    { Leerzeile }
WRITE ('Geben Sie die Laenge ein: ');
READLN (Laenge);
WRITE ('Geben Sie die Breite ein: ');
READLN (Breite);
WRITE ('Geben Sie die Hoehe ein:  ');
READLN (Hoehe);

{ Berechnung: }
Volumen := Laenge * Breite * Hoehe;
Oberflaeche := 2*(Laenge*Breite+Laenge*Hoehe+ Breite*Hoehe);
Schnur := 2*Laenge + 2*Breite + 4*Hoehe + Schleife;

{ Ausgabeteil: }
WRITELN;
WRITELN ('Das Volumen betraegt ',Volumen:6:2,' cm^3');
WRITELN ('Sie brauchen ',Oberflaeche:6:2,' cm^2 Papier');
WRITELN ('Die Schnur muss ',Schnur:5:2,' cm lang sein');
END. { Programmende }
```

Ausgabe des Programms:

Ergebnis

```
Paketprogramm
    alle Werte in cm

Geben Sie die Laenge ein: 10.00
Geben Sie die Breite ein: 20.50
Geben Sie die Hoehe ein: 35.25

Das Volumen betraegt 7226.25 cm^3
Sie brauchen 2560.25 cm^2 Papier
Die Schnur muss 212.00 cm lang sein
```

Frage: Hätten wir als Datentypen statt REAL auch INTEGER verwenden können?

Beispiel
WINKEL-
TABELLE
Aufgabe

2. Beispiel:

Im nächsten Programm wollen wir uns eine Tabelle der Sinus-, Kosinus- und Tangenswerte eines bestimmten Winkelbereichs ausgeben lassen. Dazu geben wir den Anfangs- und Endwinkel sowie die Schrittweite ein. Aus Gründen der Übung verschiedener Datentypen vereinbaren wir, daß es sich bei allen Winkeln nur um ganzzahlige Werte handeln soll. Da Winkelfunktionen in Bogenmaß rechnen, müssen wir die Winkel durch Multiplikation mit $\pi/180$ umrechnen.

REPEAT-
Schleife

Für dieses Problem brauchen wir einen Algorithmus, der erst später (Kap. 6.2) genauer beschrieben wird: eine Schleife.

Konstruktion

> REPEAT
> <Anweisungsblock>
> UNTIL <Endbedingung>;

nennen wir "Wiederhole...bis..."-Schleife.

Blockdiagramm

Programm WINKELTABELLE
Konstante Pi=3.14159
Variablen Winkel, Anfang, Ende, Schrittweite : ganze Zahlen
sinus, kosinus, tangens : Dezimalzahlen
Anfang
Eingabe: Anfang, Ende, Schrittweite
Anfangswert für Winkel
Wiederhole
x:=Winkel * pi/180
Berechne sinus, kosinus, tangens von x
Ausgabe: Winkel, sinus, kosinus, tangens
Erhöhe Winkel um Schrittweite
bis Winkel größer als Ende
Ende.

Das Programm:

Programm

```
PROGRAM Winkeltabelle;

CONST pi = 3.14159;

VAR Winkel, Anfang, Ende, Schrittweite : INTEGER;
    x, sinus, cosinus, tangens : REAL;

BEGIN
 WRITELN ('Erstellung einer Winkeltabelle: ');

 WRITELN;
 WRITE ('Eingabe Anfangswinkel: ');
 READLN (Anfang);
 WRITE ('Eingabe Endwinkel: ');
 READLN (Ende);
 WRITE ('Eingabe Schrittweite: ');
 READLN (Schrittweite);
 WRITELN;
 Winkel := Anfang;
 WRITELN (' Winkel:     Sinus:       Cosinus:     Tangens:');
 REPEAT
  x := Winkel * pi / 180;
  sinus := SIN (x);
  cosinus := COS (x);
  tangens := sinus / cosinus;
  WRITELN (Winkel:4, sinus:16:3, cosinus:16:3, tangens:16:3);
  Winkel := Winkel + Schrittweite
 UNTIL Winkel > Ende
END.
```

Aufgabe: Testen Sie das Programm auf Ihrem Rechner!

Typenkonflikte   *Typenkonflikte:*

REAL-
INTEGER

Achten Sie unbedingt darauf, daß z.B. einer INTEGER-
Variablen kein REAL-Wert zugeordnet werden kann.

Auch die Operationen "DIV" und "MOD" funktionieren
natürlich nur mit INTEGER-Variablen.

Beispiel:

```
VAR    A,B   :REAL;
       C,D   :INTEGER;
```

```
dann ist: C  :=  A            falsch
          C  :=  TRUNC(A)     richtig
          C  :=  A DIV B      falsch
          C  :=  C DIV B      richtig
          A  :=  C            richtig
```

Wenn Typenkonflikte vorkommen, so merkt der Compiler dies
beim Übersetzen und gibt die Fehlermeldung "type mismatch"
aus. Achten Sie schon bei der Planung des Programms darauf,
welche Variablen miteinander verknüpft werden.

Übungen:

3.4.1 Worin liegt der Unterschied zwischen "=" und ":="?

3.4.2 Welcher Unterschied besteht zwischen "/" und "DIV"?

3.4.3 Das folgende Programm enthält einige Fehler. Finden,
berichtigen und begründen Sie diese.

```
PROGRAM Mit_Fehlern;

VAR Liter, Preis, Verbrauch = REAL;
    Strecke, Literpreis = INTEGER;

BEGIN;
 WRITE ('Geben Sie die Strecke in vollen km ein:);
 READLN (Strecke);
 WRITE ('Geben Sie den verbrauchten Sprit in Litern ein:);
 READLN (Liter);
```

```
WRITE ('Geben Sie den Preis in DM ein:);
READLN (Preis);
Verbrauch = Preis * 100 DIV Strecke;
Literpreis = Preis / Liter;
WRITELN ('Sie haben"Verbrauch:4:2,"liter/100km verbraucht');
WRITELN ('Der Spritpreis: ',Literpreis:4:2,' DM/Liter');
END.
```

3.4.4 Schreiben Sie ein Programm, das so lange eingegebene Dezimalzahlen addiert, bis eine Null eingegeben wird. Die Summe der Zahlen soll mit 4 Stellen vor und 2 Stellen hinter dem Komma ausgegeben werden.

3.5 Mit Grafik geht manches besser ...

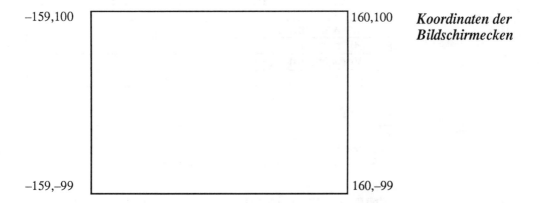

Koordinaten der Bildschirmecken

Um Grafiken zu erstellen, muß gleich nach dem Programmnamen die Anweisung {$I GRAPH.P} folgen.

{$I GRAPH.P}

Mit CLEARSCREEN wird dann der Bildschirm gelöscht, und mit HOME wird der Zeichenstift in die Mitte des Bildschirms gebracht (Richtung: oben).

Mit PENUP und PENDOWN wird der Zeichenstift angehoben und gesenkt. SETPOSITION(X,Y) bringt den Zeichenstift (ohne zu zeichnen) an eine bestimmte Koordinate. FORWD(L) bewegt den Zeichenstift um L vorwärts (mit PENDOWN wird dabei gezeichnet). TURNLEFT(Winkel) und TURNRIGHT (Winkel) drehen die Richtung weiter. SETHEADING(Winkel) stellt eine Richtung bezogen auf das Koordinatensystem ein (Winkel=0 ist oben).

einfache Befehle

67

Aufgabe Wir wollen nun ein Rechteck zeichnen, dessen untere linke Eckkoordinate sowie Breite und Höhe vom Benutzer eingegeben werden.

Programm RECHTECK
Variablen Xlinks, Xrechts, Hoehe, Breite : ganze Zahlen
Anfang
Eingabe der Koordinaten
Eingabe von Hoehe und Breite
Gehe zu unterer linker Ecke
Stift absenken
Vorwärts um Hoehe
90° rechts drehen
Vorwärts um Breite
90° rechts drehen
Vorwärts um Hoehe
90° rechts drehen
Vorwärts um Breite
Ende.

Das Programm:

Programm

```
PROGRAM Rechteck;
{$I Graph.P}
 VAR Xlinks, Yunten, Hoehe, Breite : INTEGER;

 BEGIN
  WRITELN ('Koordinaten der unteren linken Ecke: ');
  WRITE ('X= '); READLN (Xlinks);
  WRITE ('Y= '); READLN (Yunten);
  WRITELN ('Seiten des Rechtecks: ');
  WRITE ('Hoehe = '); READLN (Hoehe);
  WRITE ('Breite= '); READLN (Breite);
  SetPosition (Xlinks,Yunten);
  PenDown;
  Forwd(Hoehe); TurnRight(90);
  Forwd(Breite); TurnRight(90);
  Forwd(Hoehe); TurnRight(90);
  Forwd(Breite);
 END.
```

Aufgabe: Testen Sie das Programm!

Was fällt Ihnen auf?
Das Rechteck wird zwar gezeichnet, verschwindet aber blitzschnell wieder, wenn das Programm beendet ist.

Abhilfe: Fügen Sie als letzte Anweisung "READLN;" in das Programm ein. Diese Anweisung hat den Effekt, daß eine "leere" Eingabe mit <Return> abgeschlossen werden soll. Erst wenn die <Return>-Taste gedrückt ist, fährt das Programm fort.

Verzögerung

Aufgabe: Denken Sie sich weitere Grafikprogramme aus.

Hinweis: Weitere Grafikbefehle sind im Kap. 8 genauer beschrieben.

Übungen:

3.5.1 Schreiben Sie ein Programm zum Zeichnen eines "Hexenhauses".

3.5.2 Ein Programm soll fünf Koordinaten abfragen und diese miteinander als Grafik verbinden.

3.6 Zusammenfassung

Im Kapitel 3 haben wir die Struktur von Pascal-Programmen kennen- und anwenden gelernt. Wir kennen den formalen Aufbau eines Programms und wissen, was Konstanten und Variablen sind.

Das Wissen über einfache Ein- und Ausgabebefehle, verbunden mit einer Übersicht der einfachen Datentypen und der Rechenoperationen in Pascal, versetzt uns in die Lage, schon recht erfolgreich Programme (insbesondere Rechenprogramme) zu erstellen.

Wir kennen die Tücken von Typenkonflikten und werden sie (hoffentlich) in Zukunft vermeiden.

Eine Hilfe dazu sind die Übersichtstabellen zu Rechenoperationen und Standardfunktionen in Verbindung mit den zugehörigen möglichen Datentypen im Anhang.

Reservierte
Wörter und Symbole

Kapitel **4**

In diesem Kapitel wird kurz auf die in Pascal reservierten Wörter und die zur Programmierung benutzbaren Symbole eingegangen.

Reservierte Wörter sind Wörter, die vom Benutzer nicht verwendet oder umbenannt werden dürfen, da sie z.B. aus dem Befehlssatz der Programmiersprache entstammen.

Außerdem wird, unterstützt von einigen Beispielen, gezeigt, wie man Syntaxdiagramme liest, die vorschreiben, nach welcher "Grammatik" die Programmiersprache Pascal zu gebrauchen ist.

Nach dem Lesen dieses Kapitels

- wissen wir, was reservierte Wörter sind;
- kennen wir die reservierten Wörter und Symbole;
- wissen wir, was Syntax und was ein Syntaxdiagramm ist;
- können wir Syntaxdiagramme lesen.

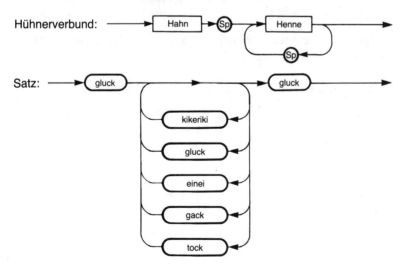

4.1 Zusammenstellung der Wörter und Symbole

Zeichensatz für Bezeichner

In der Namensgebung für unsere Programme, Variablen, Prozeduren und Funktionen unterliegen wir einigen Beschränkungen und Vorschriften. Wir dürfen unter Verwendung der folgenden Zeichen:

```
ABCDEFGHIJKLMNOPQRSTUVWXYZ
abcdefghijklmnopqrstuvwxyz
0123456789
und _
```

Namen nach bestimmten Regeln, die wir in Kapitel 4.2 lernen, bilden.

Wir nennen diese Namen *benutzerdefinierte Bezeichner*.

Diese dürfen jedoch nicht identisch sein mit sogenannten reservierten Wörtern.

Reservierte Wörter

Reservierte Wörter: Dies sind Wörter, die in der Programmiersprache Pascal bestimmte Bedeutungen haben und die dem Compiler eine korrekte Übersetzung und Ausführung des Programms ermöglichen.

Selbstverständlich darf z.B. eine Variable nicht denselben Namen haben wie eine Pascal-Anweisung, da es sonst zu unlösbaren Konflikten käme.

Folgende reservierte Wörter und vordefinierte Standardbezeichner sind vorhanden:

Reserviertes Wort:	(deutsche) Bedeutung:
PROGRAM	Programm
INPUT	Eingabe
OUTPUT	Ausgabe
BEGIN...END	Anfang...Ende
CONST	Konstante(n)
VAR	Variable(n)
TYPE	Typ
SEGMENT	Segment
PROCEDURE	Prozedur

FUNCTION	Funktion
FORWARD	Vorwärts
INTEGER	Ganze Zahl
REAL	Dezimalzahl
CHAR	Zeichen
STRING	Zeichenkette
BOOLEAN	Wahrheitswert
ARRAY...OF...	Feld...von...
PACKED ARRAY...OF...	Komprimiertes Feld...von.
SET...OF...	Menge...von...
RECORD...END	Verbund...Ende
FILE	Datei
TEXT	Textdatei
EXTERNAL	Außerhalb
RESET	Dateieröffnung
REWRITE	Dateieröffnung
CLOSE	Dateiabschluß
SEEK	Suche
NEW	Neue Zeigervariable
NIL	Anfang einer Zeigerliste
READ	Lies
READLN	Lies Zeile
WRITE	Schreibe
WRITELN	Schreibe Zeile
EXIT	Verlasse
REPEAT...UNTIL...	Wiederhole...bis...
WHILE...DO...	Solange...tue...
FOR...TO...DO...	Zähle...herauf bis...und tue...
FOR...DOWNTO...DO...	Zähle...herunter bis...und tue...
WHITH...DO...	Mit...tue...
IF...THEN...ELSE	Wenn...dann...sonst
CASE...OF...ELSE...END	Falls...von...sonst...Ende
AND	Und
OR	Oder
NOT	Nicht
XOR	Entweder...oder
MAXINT	Max. ganze Zahl
TRUE	Wahr
FALSE	Falsch
EOLN	Zeilenende
EOF	Dateiende
DIV, MOD, SHL, SHR	Rechen- und Ordnungs-
SQR, SQRT, ABS, TRUNC	operationen...
ROUND SIN COS ARCTAN	
EXP LN SUCC PRED ORD	
CHR ODD	

```
COPY, LENGTH, INSERT,
DELETE, STR                      String-Operationen
```

Symbole   Weiterhin verwendet Pascal folgende Symbole:

```
(  )
[  ]
{  }                                     Ersatzsymbol: (*    *)
'  '
. , ; :
+ – * /
= < > < <= > >=
:=
  ^
```

→ *Merke:* Benutzerdefinierte Bezeichner (Namen) dürfen nie mals reservierten Wörtern gleichen!

4.2 Syntaxdiagramme, und wie man sie liest

Jeder Konstruktion in Pascal, sei es eine bestimmte Anweisung, eine zusammengehörige Folge von Anweisungen (Block) oder ein Bezeichner, liegen Regeln zugrunde, wie sie zu bilden ist.

Syntax   Diese Grammatik (Syntax) ist genau festgelegt, so daß es niemals Mißverständnisse oder undefinierte Situationen zwischen Programmierer und Computer geben kann. Alles ist eindeutig festgelegt.

Aus der "Hühnersprache"   So sollen, wie aus stets gut unterrichteten Kreisen bekannt wurde, einige Hühner dank eines neuartigen Kraftfutters zu solcher Intelligenz gekommen sein, daß sie sich einen Verwaltungscomputer zugelegt haben. Dieser Rechner ist in der Sprache DUCK zu programmieren.

Diese Sprache kennt z.B. folgende Verbindungen:

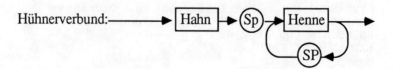

Sp steht für Sprosse auf der Hühnerleiter.

Dies bedeutet: Der kleinste Verbund besteht aus einem Hahn und einer Henne, getrennt durch eine Sprosse. Die Schleife zeigt an, daß ein Hahn auch mehrere Hennen (getrennt durch Sprossen) haben kann. Nach diesem Syntaxdiagramm für "Hühnerverbund" kann jedoch eine Henne nie mehrere Hähne haben. Außerdem steht der Hahn stets an erster Stelle. Auch die Sprache ist geregelt.

Ein Satz wird erstellt nach folgendem Syntaxdiagramm:

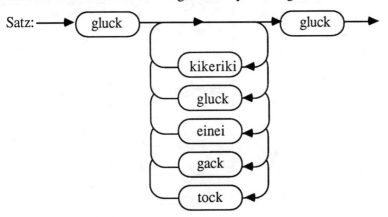

So sind folgendes syntaktisch korrekte Sätze:

> gluck gluck
> gluck gluck gluck
> gluck einei gluck
> gluck gack gack gluck
> gluck gack tock gack gluck

Jedoch reagiert der Computer bei den Sätzen:

> gluck
> kikeriki gluck gluck
> gluck gack tock

mit einem wütenden "stupid-chicken-error".

Ähnlich wie in DUCK ist auch in Pascal alles bestens geregelt.

Für alle möglichen Konstruktionen gibt es Syntaxdiagramme.

Syntaxdiagramme   Syntaxdiagramme werden gelesen, indem man dem Pfeil folgt. Oft sind mehrere Wege möglich, ein anderes Mal nur bestimmte. Achten Sie also auf den Pfeil. Ein Syntaxdiagramm sieht aus wie das Gleissystem einer Modelleisenbahn.

In den abgerundeten Kästen stehen fest definierte Symbole oder reservierte Wörter; in den eckigen Kästen Bezeichner, die durch weitere Syntaxdiagramme erklärt werden.

Einige Beispiele für grundlegende Pascal-Konstruktionen:

Ziffer

Buchstabe

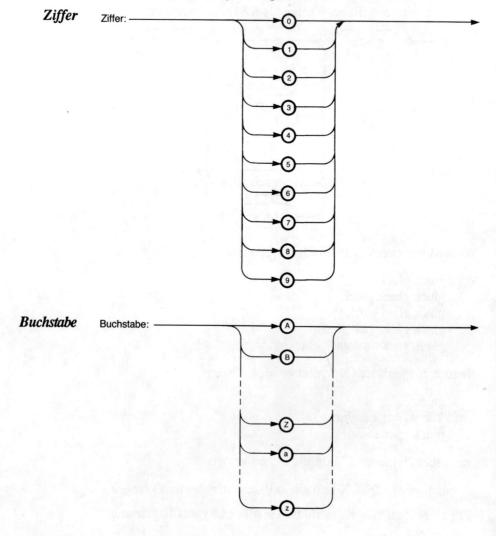

Die Syntaxdiagramme für "Ziffer" und "Buchstabe" lassen nur
jeweils einen Weg zu, d.h. eine Ziffer (ein Buchstabe) besteht
aus genau einem der aufgeführten Symbole.

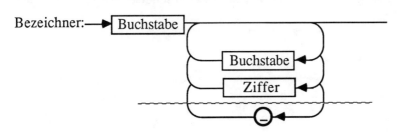

Bezeichner

Im Weg durch das Syntaxdiagramm "Bezeichner" müssen wir
als erstes einen Buchstaben benutzen. Danach sind wir entweder
fertig oder können noch eine(n) oder mehrere Ziffern (Buchstaben) oder Unterstreichungszeichen folgen lassen.

Folgende Bezeichner sind also syntaktisch korrekt: *Beispiele*

```
Bezeichner
BEGIN
ANFANG
x1
Drei45Sechs
Was_sonst
```

Falsch dagegen sind:

```
4Teile
Was-sonst
*Test*
```

Warum?

Variablendeklaration: *Variablen-
                                                             deklaration*

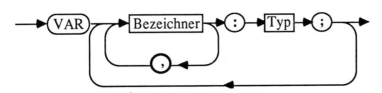

Bemerkung: Typ muß natürlich als Syntaxdiagramm vorher erklärt sein (siehe Anhang).

Beispiele   So sind syntaktisch korrekte Variablendeklarationen:

```
VAR A, Test, Wert : INTEGER;
```

oder

```
VAR  X : REAL;
     Y, Z : CHAR;
```

Falsch dagegen sind:

```
VARIABLES X, Y : STRING;
```
oder
```
VAR: A, B, C : CHAR;
```
oder
```
VAR X = REAL;
```

Warum?

Anweisung:

<hier Grafik aus neuester Auflage Grundkurs Pascal!>

Anweisung

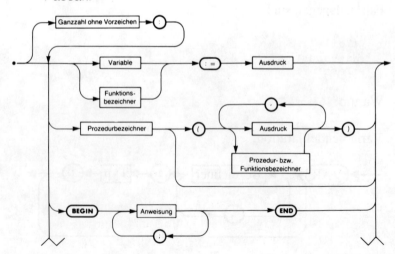

(Anweisung, Forts.)

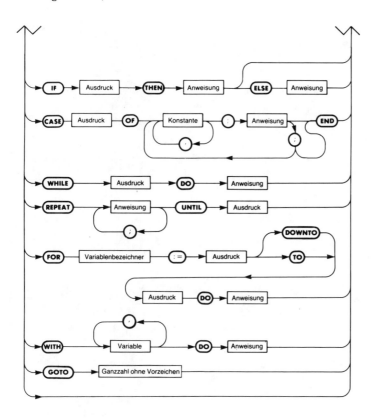

Beispiele für korrekte Anweisungen: *Beispiele*

```
A:=7;
```

oder

```
BEGIN
  I:=I+1;
  WRITELN(i)
END;
```

Wir werden in den folgenden Kapiteln noch einige Syntaxdiagramme kennenlernen. Insbesondere sei auf den Anhang verwiesen, dessen Übersicht über Syntaxdiagramme in Zweifelsfällen zu Rate gezogen werden kann.

Einfache Datentypen und deren Ein-/Ausgabeformate

Im Deklarationsteil eines Programms sind wir aufgefordert, zu erklären, von welchem Datentyp die einzelnen Variablen sind. Dazu werden in diesem Kapitel die vier einfachen (skalaren) Datentypen INTEGER, REAL, CHAR und BOOLEAN dargestellt. Einfach heißt, daß diese Datentypen nicht aus anderen Typen zusammengesetzt sind.

Außerdem wird der Datentyp STRING vorgestellt, der zwar nicht skalar ist, jedoch für weitere Programme von großem Nutzen ist.

Bei den hier beschriebenen Datentypen handelt es sich um eingebaute, sogenannte Standard-Datentypen. Weiterhin gibt es noch vom Benutzer selbst zu definierende Datentypen, die jedoch erst in Band 2 behandelt werden.

Zu den Datentypen werden die jeweiligen Ein- und Ausgabemöglichkeiten beschrieben.

Nach dem Lesen dieses Kapitels

- kennen wir die Syntax der Datentypen: ganze Zahl (INTEGER), Dezimalzahl (REAL), Zeichen (CHAR), Zeichenkette (STRING) und Wahrheitswert (BOOLEAN);
- können wir Variablen der dargestellten Datentypen im Zusammenhang mit den Standardprozeduren zur Ein- und Ausgabe richtig behandeln;
- kennen wir die formatierte Ausgabe;
- beherrschen wir arithmetische Operationen mit diesen Datentypen;
- können wir Ordnungsrelationen anwenden;
- können wir INTEGER und REAL sowie CHAR und STRING unterscheiden.
- erkennen und vermeiden wir Typkonflikte.

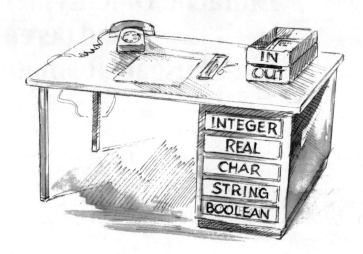

5.1 Ganze Zahlen – INTEGER

Zahlen

4711	5 22' 17"	14a	
123456789101112	4	–3428	
3.7	52,148	+21522	

Eine Reihe von Nummern.

Ganze Zahlen

Einige davon sind vom Datentyp "ganze Zahl", nämlich:

4711 , 4 , –3428 , +21522.

Außerdem ist 123456789101112 vom Datentyp ganze Zahl, jedoch bereitet die Länge einige Schwierigkeiten.

Frage: Warum sind die anderen Nummern nicht ganzzahlig? – Was sind das für Objekte?

Aufgabe

Wir kennen alle aus unserem Anfangs-Mathematikunterricht die Division ganzer Zahlen mit Rest. Dazu wollen wir ein kleines Programm schreiben: Eingegeben werden zwei ganze Zahlen: der Dividend und der Divisor. Ausgegeben wird das ganzzahlige Ergebnis und der Rest.

Programm TEILE
Variablen Dividend, Divisor, Ergebnis, Rest: INTEGER
Anfang
Einlesen der Werte Dividend und Divisor
Berechne Ergebnis
Berechne Rest
Ausgabe Ergebnis und Rest
Ende.

Blockdiagramm

Alle Variablen des Programms sollen GANZE ZAHLEN sein. Wir nennen diesen Datentyp in Pascal INTEGER.

INTEGER

Eine ganze Zahl zeichnet sich dadurch aus, daß sie einen Nachfolger und einen Vorgänger hat, der durch Addition (Subtraktion) mit 1 ermittelt wird.

Aufgrund der Darstellung im Rechner ist allerdings darauf hinzuweisen, daß es nur einen begrenzten Bereich von ganzen Zahlen gibt.

Die größte ganze Zahl ist durch die Konstante MAXINT und die kleinste durch –MAXINT–1 bestimmt. MAXINT ist eine vordefinierte Konstante mit dem Wert MAXINT = $2^{15}-1$ = 32767.

Wertebereich
MAXINT

Folgende Darstellungen sind gültige INTEGER-Werte:

gültige
INTEGER-Werte

```
12345
+24
–24
0
3
MAXINT
–MAXINT
```

Fehlerhafte Werte für INTEGER sind:

ungültige
INTEGER-Werte

2.56	(kein Dezimalpunkt erlaubt)
3,456	(kein Komma erlaubt)
3E20	(keine Zehnerpotenz-Darstellung erlaubt)
120340	(größer als MAXINT)

Blockoperationen

Nachdem wir nun wissen, welche Form INTEGER-Variablen (und natürlich auch Konstanten, siehe Kap. 3.3) haben, brauchen wir noch Rechenoperationen:

+ : Addition

– : Subtraktion

* : Multiplikation

DIV : Division für ganze Zahlen mit ganzzahligem Ergebnis. Der mögliche Nachkommawert wird abgeschnitten (nicht gerundet!).

MOD : Rest (modulo). Ergibt den Rest bei einer Division.

Beispiele

Beispiele:

3 +5 ergibt 8
8 – 5 ergibt 3
12 – 20 ergibt –8
2 * 13 ergibt 26
7 DIV 2 ergibt 3
7 MOD 2 ergibt 1
13 MOD 5 ergibt 3

Vergleichs-operatoren

Wir können Zahlen miteinander vergleichen. Hierzu verwenden wir die folgenden Vergleichsoperatoren:

> größer als
>= größer oder gleich
< kleiner als
<= kleiner oder gleich
= gleich
<> ungleich

Nun läßt sich unser kleines Rechenprogramm verwirklichen. Dividend DIV Divisor ergibt das Ergebnis und Dividend MOD Divisor den Rest.

Programm

```
PROGRAM Teile;

 VAR Dividend, Divisor, Ergebnis, Rest : INTEGER;

BEGIN
  WRITE ('Eingabe des Dividenden: ');
  READLN (Dividend);
  WRITE ('Eingabe des Divisors  : ');
  READLN (Divisor);
  Ergebnis := Dividend DIV Divisor;
  Rest := Dividend MOD Divisor;
  WRITELN (Dividend:5,':',Divisor:5,'=',Ergebnis :5,' Rest',Rest:5);
END.
```

Bei einer Eingabe von 29 als Dividend und 3 als Divisor antwortet das Programm:

```
    29 :    3 =    9 Rest    2
```

Bei der Ausgabe der Werte fällt auf, daß eine formatierte Ausgabe benutzt wurde (siehe auch Kapitel 3.2).

Ausgabeformate

Die ganze Zahl hinter dem Doppelpunkt gibt an, mit wie vielen Stellen die Variable ausgedruckt werden soll.

Im Zusammenhang mit dem Datentyp INTEGER sind noch einige Funktionen zu nennen, die verwendet werden können. Hinter einer Funktion steckt eine Reihe von Operationen, die mit dem Argument der Funktion (der Wert in der Klammer hinter dem Funktionsnamen) durchgeführt werden. Eine Funktion hat stets ein Ergebnis.

*Standard-
funktionen*

Im folgenden ist "i" eine INTEGER-Variable und "r" eine Variable vom Typ REAL (Dezimalzahl).

ABS(i)
Absolutwert einer Zahl i. Ergebnis vom Typ INTEGER.
Beispiel: ABS(–10) ergibt 10
           ABS(+10) ergibt 10

SQR(i)
Quadrat einer Zahl i. Ergebnis vom Typ INTEGER.
Beispiel: SQR(3) ergibt 9

TRUNC(r)
Ganzzahliger Anteil einer Dezimalzahl (abgeschnitten – nicht gerundet). Ergebnis vom Typ

INTEGER.
Beispiel: TRUNC(3.6) ergibt 3
TRUNC(–20.2) ergibt –20

ROUND (r)   Gerundeter ganzzahliger Teil einer Dezimalzahl. Ergebnis vom Typ INTEGER.
Beispiel: ROUND(3.6) ergibt 4

Definition
INTEGER

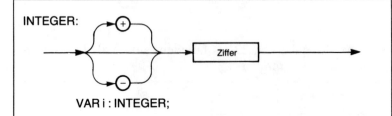

```
INTEGER:
```

```
VAR i : INTEGER;
```

Variablen vom Datentyp INTEGER können die Werte
–MAXINT,...,–3,–2,–1,0,1,2,3,...MAXINT enthalten. Konstanten
aus dieser Wertemenge sind ebenfalls vom Typ INTEGER.
MAXINT ist eine vordefinierte Konstante (in UCSD-Pascal: 32767),
Die Rechenoperationen sind: + (Addition), – (Subtraktion),
∗ (Multiplikation), DIV (Division), MOD (Rest).
Vergleichsoperatoren sind: < , <= , > , >= , = , <> .
Standardfunktionen mit einem Ergebnis vom Typ INTEGER sind:
ABS(i), SQR(i), TRUNC(r), ROUND(r).

Ausgabeformate   *Ausgabeformate:*

mit

```
VAR i,n : INTEGER;
```

ergibt:

```
WRITELN (i);
```
   Ausgabe von i mit der tatsächlichen
Stellenzahl von i.

```
WRITELN (i:n);
```
   Ausgabe von i mit n Stellen.

Übungen:

5.1.1 Berechnen Sie selbst:

```
14 MOD 3
4 DIV 2
4 / 2
28 DIV 5
28 / 5
TRUNC (13/5)
ROUND (13/5)
```

5.1.2 Schreiben Sie ein Programm, das Zahlen (kleiner MAX-INT) in Zehntausender, Tausender, Hunderter, Zehner und Einser zerlegt.

5.1.3 Schreiben Sie ein Programm, das eine maximal 15-stellige Binärzahl (Zahl im Zweiersystem) in eine ganze Zahl umwandelt.

Beispiel: 1101 (Bin) = 13 (Dez).

Berechnen Sie auch die Binärzahl, die aus 15 (8) Einsen besteht; was fällt Ihnen auf?

Tip: Mit einer FOR-Schleife alle 15 Stellen auf Eins oder Null untersuchen.

5.2 Dezimalzahlen – REAL

Dezimalzahlen

Aufgabe (Kugel)

Im folgenden Programm wollen wir Oberfläche und Volumen einer Kugel berechnen. Dazu kennen wir aus der Geometrie die Formeln

$$O = 4*pi*r^2 \quad \text{und} \quad V = 4/3*pi*r^3$$

Blockdiagramm

Programm KUGEL
Konstante pi=3.1416
Variablen Radius, Oberflaeche, Volumen: REAL
Anfang
Eingabe des Wertes für Radius
Oberflaeche :=4*pi*Radius^2
Volumen :=4/3*pi*Radius^3
Ausgabe der Ereignisse mit 2 Stellen hinter dem Komma
Ende.

π Die Programmiersprache Turbo Pascal kennt zwar die vordefinierte Konstante π (pi), wir können sie jedoch auch selbst definieren: pi=3.1416.

REAL   Die Konstante ist durch ihre Form eindeutig vom Typ Dezimalzahl. In Pascal wird dieser Datentyp REAL genannt. Die Variablen sollen auch alle von diesem Typ sein.

Wertebereich   Auch dieser Datentyp hat einen beschränkten Wertebereich von $1*10^{-38}$ bis $1*10^{38}$.

Genauigkeit   Außerdem hapert es etwas mit der Genauigkeit. So läßt sich natürlich 1/3 nicht durch 0.33333333333333.... darstellen, da die Ziffer 3 noch unendlich oft auftreten würde (daher gilt $1/3*3 \neq 1$). So muß also ab einer bestimmten Stelle gerundet werden. Dies führt bei vielen Rechenschritten möglicherweise zu erheblichen Rundungsfehlern. Die Rechengenauigkeit beträgt 11 signifikante Stellen.

Achtung: Um unnötigen Ärger zu vermeiden, sollten wir folgende Hinweise beim Arbeiten mit REAL-Variablen beachten:

Gleichheit?   – Niemals die Gleichheit von Rechenergebnissen abfragen, sondern überprüfen, ob der Absolutwert der Differenz der Ergebnisse einen bestimmten Wert unterschreitet.

– Die Subtraktion fast gleich großer REAL-Zahlen vermeiden, wo es möglich ist.

– Möglichst wenig Rechenschritte, um den Rundungsfehler klein zu halten.

Rundungsfehler

Wie sehen nun Zahlen des Typs REAL aus?

Möglicherweise angeführt von einem Vorzeichen schreiben wir Ziffern vor und hinter dem Dezimalpunkt (wie bei Taschenrechnern).

Außerdem ist die Darstellung mit Zehnerpotenzen erlaubt. So kann man 3400 darstellen als $3.4 * 10^3$; also schreiben als 3.4E3 (ebenfalls wie bei Taschenrechnern).

Gültige REAL-Zahlen sind z.B.:

*Gültige
REAL-Zahlen*

```
12.
12.0
+3.67 oder 3.67
–9.03
0.45
4.67E+3 oder 4.67E3
1.4E–4
```

Die Rechenoperationen für REAL sind:

*Rechen-
operationen*

+   : Addition

–   : Subtraktion

*   : Multiplikation

/   : Division mit Ergebnis vom Typ REAL

Außerdem sind die schon bekannten Vergleichsoperatoren >, >=, <, <=, =, <> (siehe INTEGER, Kap. 5.1) zu verwenden.

Nun unser kleines Programm:

```
PROGRAM Kugel;

  CONST pi=3.1416;

  VAR Radius, Oberflaeche, Volumen : REAL;
```

Programm

```
BEGIN
 WRITE ('Eingabe des Radius: ');
 READLN (Radius);
 Oberflaeche := 4 * pi * Radius * Radius;
 Volumen := 4/3 * pi * Radius * Radius * Radius;
 WRITELN ('Die Kugel mit dem Radius ',Radius:6:2,' hat');
 WRITELN ('ein Volumen von ',Volumen:9:2);
 WRITELN ('und eine Oberflaeche von ',Oberflaeche:7:2)
END.
```

Ausgabeformate   Auch in diesem Programm wurde die formatierte Ausgabe gewählt (siehe auch Kap. 3.2).

Die ganze Zahl hinter dem ersten Doppelpunkt gibt die gesamte
Anzahl der Stellen an (einschließlich Dezimalpunkt!).

Die ganze Zahl hinter dem zweiten Doppelpunkt gibt die Zahl
der Stellen hinter dem Dezimalpunkt an.

Standard-   Hier noch die Standardfunktionen für den Datentyp REAL:
funktionen   ("r" steht für eine Variable vom Typ REAL, "i" für INTEGER
und "x" für INTEGER oder REAL)

ABS(r)   Absolutwert einer Zahl r. Ergebnis REAL.

SQR(r)   Quadrat von r. Ergebnis REAL.

SIN(x)   Sinus von x (x im Bogenmaß).
             Ergebnis REAL.

COS(x)   Kosinus von x (x im Bogenmaß).
             Ergebnis REAL.

ARCTAN(x)   Arcustangens von x (im Bogenmaß).
             Ergebnis REAL.

LN(x)   Natürlicher Logarithmus von x.
             Ergebnis REAL.

EXP(x)   Exponentialfunktion, e^x.
             Ergebnis REAL.

SQRT(x)   Quadratwurzel von x.
             Ergebnis REAL.

Unterschied INTEGER ↔ REAL:

INTEGER ↔
REAL

Bei der Variablendeklaration

```
VAR x,y : REAL;
    i : INTEGER;
```

ergeben folgende Programmzeilen einen Fehler:

```
x:=1.5;
y:=2.0;
i:=x*y;   { hier fehlerhafte Zuweisung }
```

Hier liegt ein sogenannter Typkonflikt vor. Obwohl in diesem Fall das Ergebnis der Multiplikation als ganze Zahl dargestellt werden kann, ist es doch von der Typdeklaration her REAL. x*y ergibt nämlich nicht 3, sondern 3.0.

Typkonflikt

Definition
REAL

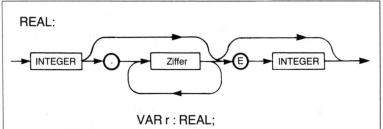

REAL:

VAR r : REAL;

Variablen vom Datentyp REAL sind Dezimalzahlen der Form:
3.6 oder +3.6
0.7
–4.5E6 oder –4.5E+6

Der Wertebereich und die Rechengenauigkeit sind von der benutzten Rechenanlage abhängig. Rundungsfehler treten auf!

Die Rechenoperationen sind: + (Addition), – (Subtraktion),
* (Multiplikation), / Division.
Vergleichsoperatoren sind: <, <=, >, >=, =, <>.

Standardfunktionen mit einem Ergebnis vom Typ REAL sind:
ABS(r), SQR(r), SIN(x), COS(x), ARCTAN(x), LN(x), EXP(x), SQRT(x).

Einen Ausweg aus diesem Dilemma bieten die Übergangsoperationen von REAL nach INTEGER:

TRUNC(r) und ROUND(r)   (siehe Kap. 5.1).

Ausgabeformate   Ausgabeformate:

mit:

```
VAR r : REAL;
    n,m : INTEGER;
```

ergibt:

WRITELN (r);   Ausgabe von r mit größter Genauigkeit (in der Regel mit der Zehnerpotenzschreibweise.

WRITELN (r:n:m);   Ausgabe von r mit insgesamt n Stellen (einschließlich Dezimalpunkt!), davon m Stellen hinter dem Dezimalpunkt.

Übungen:

5.2.1 Schreiben Sie ein Programm, das nach Eingabe der Grundseite und der Höhe den Flächeninhalt eines Dreiecks berechnet.

5.2.2 Zeichnen Sie (mit Hilfe der Grafik) einen Kreis auf dem Bildschirm, unter Verwendung der Kreisgleichung $x^2 + y^2 = r^2$ (mit r:Radius).

5.2.3 Für einen Quader werden die Daten: Breite, Höhe und Länge angegeben. Ein Programm soll Oberfläche und Volumen sowie die Längen der Flächendiagonalen und die Länge der Raumdiagonale berechnen.

5.2.4 Zeigen Sie, daß sich die Funktion ROUND(x) durch die TRUNC-Funktion ersetzen läßt.

5.3 Zeichen – CHAR

Unser Computer kann nicht nur Zahlen (numerische Ausdrük-
ke) verarbeiten, sondern auch Zeichen. Unter Zeichen verstehen wir Buchstaben, Ziffern, Satzzeichen, Zeichen für Rechenoperationen und sogenannte Steuerzeichen (z.B. für den Druk-
ker).

Zeichensatz

Der Datentyp, der für diese alphanumerischen Zeichen verwendet wird, heißt CHAR. Welche Zeichen zum Zeichensatz
gehören, hängt vom Rechnertyp ab. Sehr viele Rechner verwenden Zeichen nach dem sogenannten ASCII-Zeichensatz
(American Standard Code for Information Interchange). Dieser Zeichensatz umfaßt in der Regel 128 Zeichen (manche
Rechner haben einen erweiterten Zeichensatz von 256 Zeichen).

*ASCII-Tabelle
(Anhang)*

Aufgabe: Sehen Sie sich den ASCII-Zeichensatz im Anhang an!

Die Zeichen sind durchnumeriert von 0 bis 127. Wir werden
gleich auf die Bedeutung der Nummern zu sprechen kommen.
Zu beachten ist, daß die Zeichen von Nummer 0 bis 31 nur sogenannte Steuerzeichen sind, also Zeichen, die eine bestimmte
Funktion ausüben. So ist z.B. Nummer 12 das Zeichen FF
(Form Feed) – das ist ein Seitenvorschub (auf dem Bildschirm
oder dem Drucker). Die restlichen Zeichen mit den Nummern
32 bis 126 sind sichtbare Zeichen. Nur Nummer 127 hat noch
eine Steuerfunktion (Löschzeichen).

Nummern

Ordnung

Die Nummern der Zeichen haben eine große Bedeutung. Durch sie ist der Zeichensatz geordnet. Das heißt, daß das Zeichen "A" kleiner ist als das Zeichen "B".

In Pascal werden Zeichen immer zwischen einfache Anführungsstriche (Hochkommata) gesetzt. Will man einen Anführungsstrich als Zeichen verwenden, so wird er doppelt zwischen zwei Hochkommata geschrieben, d.h. "".

Einige Beispiele:

Beispielprogramm

```
PROGRAM Testzeichen;

CONST a='A';
      b='B';

VAR ch:CHAR;

BEGIN
 READ (ch);
 WRITELN (ch:4);
 READLN (ch);
 WRITELN (ch);
 WRITELN (a,b);
 ch := 'C';
 WRITELN (ch);
 ch := a;
 WRITELN (ch)
END.
```

Bei der ersten Eingabe (mit READ) reicht es, wenn der Benutzer eine Taste drückt (ohne Return-Taste). Die zweite Eingabe (mit READLN) muß mit der Return-Taste abgeschlossen werden.

In der formatierten Ausgabe gibt die ganze Zahl hinter dem Doppelpunkt die Anzahl der Stellen an, die das Zeichen beansprucht. Ist die Stellenzahl größer 1, so werden Leerzeichen vorangestellt.

STRING ↔
CHAR

Achtung: Die Zuweisung ch:='AB' ist falsch, da 'AB' aus mehr als einem Zeichen besteht (es ist vom Typ STRING, siehe Kap. 5.4).

Mit dem Typ CHAR lassen sich natürlich keine arithmetischen Operationen ausführen. Trotzdem gibt es einige Standardfunktionen:

*Standard-
funktionen*

(c ist vom Typ CHAR und i vom Typ INTEGER)

ORD(c)   Ordnungsnummer von c, d.h. die Nummer des Zeichens in der Codierungstabelle (z.B. ASCII). Ergebnis vom Typ INTEGER.
Beispiel: ORD('A') ergibt 65

CHR(i)   Zeichenfunktion. Liefert das Zeichen mit der Nummer i in der Codierungstabelle (z.B. ASCII). Ergebnis vomTyp CHAR.
Beispiel: CHR(65) ergibt 'A'

PRED(c)   Vorgängerfunktion. Liefert das dem Zeichen c in der Codierungstabelle vorangehende Zeichen. Ergebnis vom Typ CHAR.
Beispiel: PRED('E') ergibt 'D'

SUCC(c)   Nachfolgerfunktion. Liefert das dem Zeichen c in der Codierungstabelle nachfolgende Zeichen. Ergebnis vom Typ CHAR.
Beispiel: SUCC('E') ergibt 'F'

Außerdem gelten die schon bekannten Vergleichsoperatoren:

$<$, $<=$, $>$, $>=$, $=$, $<>$.

Dabei ist zu beachten, daß die Elemente des Zeichensatzes in der Reihenfolge der Codierungstabelle angeordnet sind.

Ordnung

Im ASCII-Zeichensatz gilt z.B.:

...' ' $<$ '!' $<$ '"' $<$ '#' $<$...$<$ '/' $<$ '1' $<$ '2' $<$...$<$ 'A' $<$...$<$ 'Z' $<$...

Achtung bei Sortierproblemen:

Einige Sonderzeichen kommen in der Reihenfolge vor den Buchstaben. Insbesondere das Leerzeichen hat mit 32 die kleinste Ordnungsnummer der sichtbaren Zeichen.

Definition
CHAR

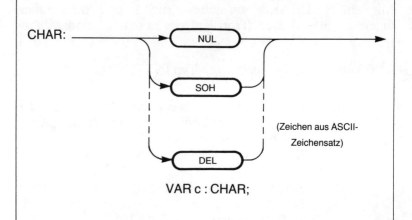

CHAR:

VAR c : CHAR;

Variablen vom Datentyp CHAR sind alphanumerische Zeichen. Die Zeichen müssen in einfachen Anfürungstrichen stehen. Dier Zeichensatz ist von der benutzten Rechenanlage abhängig. Es besteht eine Ordnung innerhalb des Zeichensatzes, so daß die Vergleichsoperatoren <, <=,m >, >=, =, <> verwendet werden können.
Standardfunktionen mit einem Ergebnis vom Typ CHAR sind:
  CHR(i), PRED(c), SUCC(c).
Standardfunktion mit einem Ergebnis vom Typ INTEGER ist:
ORD(c).

Formate

Eingabe- und Ausgabeformate:
mit

```
VAR c : CHAR;
    n : INTEGER;
```

ergibt:

READ (c);   Eingabe eines Zeichens ohne Return-Taste.

READLN (c);   Eingabe eines Zeichens mit Return-Taste.

WRITELN (c);   Ausgabe mit einer Stelle.

WRITELN (c:n);   Ausgabe mit n Stellen. Die führenden Stellen werden mit Leerzeichen aufgefüllt.

Übungen:

5.3.1   Schreiben Sie ein Programm, das nach Eingabe einer
Nummer das dazugehörige ASCII-Zeichen ausgibt.

5.3.2   Umgekehrt! Schreiben Sie ein Programm, das nach Eingabe eines ASCII-Zeichens die dazugehörige Nummer
ausgibt.

5.3.3   Erweitern Sie das Programm aus 5.3.2 dahingehend, daß
zusätzlich der Vorgänger und der Nachfolger des eingegebenen Zeichens ausgegeben wird.

5.3.4   Geheimschrift: Schreiben Sie ein Programm, das einen
eingegebenen Text zeichenweise nach einem von Ihnen
gewählten Muster verschlüsselt und ausgibt.

5.3.5   Ein zweites Programm (zu 5.3.4) entschlüsselt einen eingegebenen Text nach dem gleichen Muster.

Tip: Mit REPEAT...UNTIL...-Schleife (Beispiel siehe
Kap.3.5) Zeichen eingeben, bis ein vereinbartes "End-
Zeichen", z.B. '/', eingegeben wird.

5.4 Zeichenketten – STRING in Turbo Pascal

Der Datentyp STRING wird für Zeichenketten verwendet.
Eine Zeichenkette ist eine Aneinanderreihung von Elementen
des Typs CHAR.

Die maximale Anzahl der Zeichen einer STRING-Variablen wird in eckigen Klammern hinter dem Typbezeichner angegeben. Die Werte können zwischen 1 und 255 liegen und sind Konstanten. Beispiel:

```
VAR s : STRING[15];
```

maximale Länge   Die maximale Länge der Zeichenkette s ist 15 Zeichen.

Als Beispielprogramm zum Datentyp STRING wollen wir ein kleines Programm schreiben, das ein eingegebenes Wort untereinander schreibt. Dazu brauchen wir eine sogenannte Schleife (siehe Kap.6.1), die von 1 bis zur Anzahl der Zeichen des Wortes zählt:

```
FOR i := 1 TO LENGTH(Wort);
```

Hier das Programm:

Programm

```
PROGRAM Worttest;

  VAR Wort : STRING[80];
        i : INTEGER;  { Laufvariable }

  BEGIN
   WRITELN ('Geben Sie ein Wort ein: ');
   READLN (Wort);
   FOR i := 1 TO LENGTH(Wort) DO WRITELN (Wort[i])
  END.
```

Zeichen aus String   In diesem Programm sehen wir, daß es möglich ist, ein Zeichen aus einer Zeichenkette herauszunehmen, indem wir die Nummer des Zeichens in eine eckige Klammer hinter den Namen der Zeichenkette schreiben.

Beispiel:

```
Wort := 'Computer';
Wort[3] ergibt 'm'
```

String ↔ CHAR   Eine Zeichenkette, die nur ein Zeichen enthält, ist damit noch lange nicht vom Typ CHAR. Eine Zuweisung oder ein Vergleich der Datentypen STRING und CHAR führt unweigerlich zu einem Typkonflikt.

Die einzige Möglichkeit ist:

```
VAR c : CHAR;
    s : STRING[80];
    n : INTEGER;
```

und die Zuweisung:

```
    c := s[n];
```

wobei n die Nummer des Zeichens im STRING s ist.

Als Standardfunktion mit Zeichenketten haben wir im Programm LENGTH(s) benutzt. Es gibt noch weitere Funktionen ("s", "s1", "s2" ... sind vom Datentyp STRING, "n" und "m" vom Typ INTEGER):

*Standard-
funktionen*

LENGTH(s)   Länge der Zeichenkette s, d.h. Anzahl der Buchstaben. Ergebnis vom Typ INTEGER. Beispiel: LENGTH('Wort') ergibt 4

POS(s1,s)   Position des erstmaligen Auftretens der Zeichenkette s1 in der Zeichenkette s. Ergebnis vom Typ INTEGER.
Beispiel:
POS('buch','Handbuch') ergibt 5
POS('ball','Handbuch') ergibt 0
POS('ei','Weinstein') ergibt 2

CONCAT
(s1,s2,s3,...,sn)   Verkettung mehrerer Zeichenketten. Ergebnis vom Typ STRING.
Beispiel:
CONCAT('Hand','buch') ergibt 'Handbuch'

COPY(s,n,m)   Herausnehmen eines Teils aus der Zeichenkette s ab der Stelle n mit der Länge m. Ergebnis vom Typ STRING.
Beispiel: COPY('Computer',4,3) ergibt 'put'

Neben den Standardfunktionen gibt es noch die Standardprozeduren mit Zeichenketten. Im Gegensatz zu den Funktionen, die immer ein Ergebnis haben, das einer Variablen zugewiesen werden muß, werden Prozeduren nur aufgerufen und können

*Standard-
prozeduren*

dann Variablen ändern, die ihnen beim Prozeduraufruf mitgegeben werden (siehe auch Kap. 9.2).

INSERT(s1,s,n)   Einfügen einer Zeichenkette s1 in die Zei-
chenkette s an der Stelle n.
Beispiel: Sei s:='Comer';
                      INSERT('put',s,4) ergibt
'Computer' für s.

DELETE(s,n,m)   Löschen von m Zeichen ab der Stelle n in der
Zeichenkette s.
Beispiel: Sei s:='Buchstaben';
                      DELETE(s,3,5) ergibt 'Buben' für s.

STR(i,s)   Wandelt eine Zahl i vom Typ INTEGER in
einen String s um.

VAL(s,x,f)   Wandelt den String s in eine INTEGER- oder
REAL-Variable x um und gibt einen Fehler-
code f (INTEGER) zurück. Ist f=0, dann war
die Wandlung korrekt, ansonsten gibt f die
Stelle des Zeichens wieder, ab der die Wandlung nicht mehr möglich war.

Da an dieser Stelle die Anwendung von Funktionen und Prozeduren noch nicht bekannt ist, ein kleines Programm, das die Benutzung der o.g. Funktionen und Prozeduren verdeutlichen
soll:

Programm

```
PROGRAM Stringdemo;

 VAR Wort, Teil : STRING[80];
     Stelle, Laenge : INTEGER;

 BEGIN
  Wort := 'Donauschiff';
  Laenge := LENGTH(Wort);
  WRITELN (Laenge);          { Ausgabe: 11 }

  Teil := 'aus';
  Stelle := POS(Teil,Wort);
  WRITELN (Stelle);          { Ausgabe: 4 }

  Wort := CONCAT(Wort,'skapitaen');
  WRITELN (Wort);            { Ausgabe: Donauschiffskapitaen }

  Teil := COPY(Wort,6,6);
```

```
WRITELN (Teil);              { Ausgabe: schiff }

INSERT('dampf',Wort,6);
WRITELN (Wort);        { Ausgabe: Donaudampfschiffskapitaen }

Stelle := 1;
Laenge := 17;
DELETE(Wort,Stelle,Laenge);
WRITELN (Wort);             { Ausgabe: kapitaen }

END.
```

Definition
STRING

STRING:

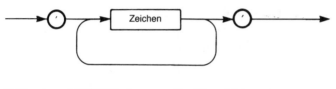

```
VAR  s : STRING[n];     mit 0<n<256
```

Variablen vom Datentyp STRING sind Zeichenketten. Die maximale Anzahl der Zeichen wird durch n angegeben. Wird n nicht angegeben, so ist n=80.
Da STRING als ARRAY [1..n] OF CHAR vordefiniert ist, kann über s[i] auf das i-te Zeichen von s zugegriffen werden (mit i vom Typ INTEGER). s[i] ist vom Typ CHAR.
Über den Datentyp CHAR ist der TYP STRING ebenfalls geordnet, so daß die Vergleichsoperatoren <, <=, >, >=, = <> verwendet werden können.
Standardfunktionen mit einem Ergebnis vom Typ STRING sind:
CONCAT (x1,x,n), DELETE(s,n,m) und STR(l,s).

Ausgabeformate:

Ausgabeformate

mit
```
    VAR s : STRING[80];
        n : INTEGER;
```

ergibt:

```
    WRITELN(s);      Ausgabe von s mit LENGTH(s) Stellen.
```

```
WRITELN(s:n);
```
Ausgabe von s mit n Stellen. Wenn n>LENGTH(s) ist, so werden die führenden Stellen mit Leerzeichen aufgefüllt.

Übungen:

5.4.1 Worin liegt der Unterschied zwischen STRING und CHAR?

5.4.2 Schreiben Sie ein Programm, das ein beliebiges eingegebenes Wort rückwärts, untereinander und um jeweils ein Zeichen nach rechts versetzt untereinander schreibt.

5.4.3 Ändern Sie die Aufgaben 5.3.4 und 5.3.5 so, daß ein eingegebener Satz (vom Typ STRING) in Geheimschrift codiert (decodiert) wird.

5.5 Wahrheitswerte – BOOLEAN

DER UNTERE SATZ IST WAHR
DER OBERE SATZ IST GELOGEN

Was ist denn nun wahr???

Aussagenlogik Aus der Aussagenlogik kennen wir sogenannte logische Aussagen. Sie können die Werte "Wahr" oder "Falsch" annehmen.

Beispiel:

"Paris ist die Hauptstadt von England" ist falsch.
"Paris ist die Hauptstadt von Frankreich" ist wahr.
"Dieses Buch ist leicht verständlich" ist objektiv nicht entscheidbar.

Alle drei Aussagen sind allerdings für unsere Arbeit mit dem Computer unbrauchbar. Insbesondere darf es niemals eine unentscheidbare Situation geben.

Aussagen in Pascal Vielmehr haben wir es mit Aussagen folgenden Typs zu tun:

$5=4$ ist falsch.
$5>4$ ist wahr.

In Pascal haben die Wahrheitwerte folgende Namen:

TRUE   – wahr
FALSE – falsch

Außerdem kann man einen Wahrheitswert einer Variablen zu-ordnen, die dann vom Typ BOOLEAN ist.

Boolean

Wenn die Variable b vom Datentyp BOOLEAN ist, dann ist die Zuweisung:

`b:=  TRUE;`	richtig	*Zuweisungen*
`b := FALSE;`	richtig	
`b := b = FALSE;`	richtig	
`b := 17 < 3;`	richtig	
`b := i <> j;`	richtig (mit i, j vom Typ INTEGER)	
`b := (12>2) AND (7<2);`	richtig	
`b := 12 + 3;`	falsch	

Wir wollen ein Programm schreiben, das eine Wahrheitstabelle für die Verknüpfung "und" (AND) angibt.

Aufgabe (Wahrheits-tabelle)

Blockdiagramm

Programm WAHR
Variablen a,b,c,:BOOLEAN
Anfang
Schreibe Tabellenkopf (a,b,a und b)
a:=wahr ,   b:=wahr   ,   c:=a und b
Schreibe (a,b,c)
a:=wahr ,   b:=falsch ,   c:=a und b
schreibe (a,b,c)
a:=falsch ,   b:=wahr   ,   c:=a und b
Schreibe (a,b,c)
a:=falsch ,   b:=falsch ,   c:=a und b
Schreibe (a,b,c)
Ende.

Das Programm:

Programm

```
PROGRAM Wahr;

 VAR a,b,c : BOOLEAN;

  BEGIN
    WRITELN ('    A         B         A und B');
    WRITELN ('----------------------------------');
    a := TRUE;   b := TRUE;
    c := a AND b;
    WRITELN (a:9,b:9,c:9);
    a := TRUE;   b := FALSE;
    c := a AND b;
    WRITELN (a:9,b:9,c:9);
    a := FALSE;  b := TRUE;
    c := a AND b;
    WRITELN (a:9,b:9,c:9);
    a := FALSE;  b := FALSE;
    c := a AND b;
    WRITELN (a:9,b:9,c:9);
    READLN
  END.
```

*Vergleichs-
operatoren*

Werden Daten durch die bekannten Operatoren <, <= , > , >= , =, <> verglichen, so ist das Ergebnis vom Typ BOOLEAN (und könnte einer entsprechenden Variablen zugewiesen werden).

Folgende Operatoren für Ausdrücke vom Typ BOOLEAN können benutzt werden (mit a, b vom Typ BOOLEAN):

Verknüpfungen

a AND b	Logisch und
a OR b	Logisch oder
NOT a	Negation von a
a XOR b	Ausschließendes Oder

Weiterhin gilt: FALSE < TRUE.

Damit leiten sich ab:

a = b	Logische Äquivalenz
a <> b	Logisch entweder oder
a <= b	Logische Implikation

Wahrheitstabellen für die logischen Operatoren: *Wahrheitstabellen*

a	NOT a
TRUE	FALSE
FALSE	TRUE

a	b	a AND b	a OR b	a = b	a <> b	a<=b
TRUE	TRUE	TRUE	TRUE	TRUE	FALSE	TRUE
TRUE	FALSE	FALSE	TRUE	FALSE	TRUE	FALSE
FALSE	TRUE	FALSE	TRUE	FALSE	TRUE	TRUE
FALSE	FALSE	FALSE	FALSE	TRUE	FALSE	TRUE

Außerdem gibt es eine Funktion mit einem Ergebnis vom Typ   *Standardfunktion*
BOOLEAN:

ODD(i)   ergibt TRUE, wenn die ganze Zahl i ungerade ist.

Definition
BOOLEAN

```
BOOLEAN
        VAR b : BOOLEAN;
```

Variablen vom Datentyp BOOLEAN sind logische Variablen mit
Dateninhalt TRUE oder FALSE.
Logische Opratoren sind: AND, OR, NOT, XOR, = , <> , <= .
Eine Standardfunktion mit einem Ergebnis vom Typ BOOLEAN
ist ODD(i).

Hinweis: Ein "logischer Schalter" ist der Ausdruck: *Logischer*
                                                               Schalter

```
a := a = FALSE;   (mit VAR a:BOOLEAN;)
```

Wenn a FALSE ist, erhält es den Wert TRUE und umgekehrt.

Logische Ausdrücke und Variablen werden besonders im Zusammenhang mit Schleifen (Kap. 6) und mit Entscheidungen
(Kap. 7) gebraucht.

Übungen:

5.5.1   Erfinden Sie eine logische Funktion, die TRUE ergibt, wenn i gerade ist.

5.5.2   Schreiben Sie ein Programm, das prüft, welches von zwei eingegebenen Wörtern das (lexikographisch gesehen) kleinere ist.

5.5.3   Schreiben Sie ein Programm, das eine Wahrheitstabelle für

```
a => b
```

erstellt.

Tip: Nach der Pascal-Syntax muß es allerdings a >= b heißen.

5.6 Zusammenfassung

Wir kennen nun die einfachen, d.h. nicht zusammengesetzten Datentypen INTEGER, REAL, CHAR und BOOLEAN sowie den sehr nützlichen Datentyp STRING. Mit diesen Typen können wir schon recht viele Programmierprobleme lösen.

Weiterhin haben wir in diesem Kapitel auch gelernt, welche Operationen und Standardfunktionen mit den dargestellten Datentypen verwendet werden können. Wir kennen die Ausgabeformate und können Typenkonflikte vermeiden.

Eine Hilfe im weiteren Gebrauch ist die Übersichtstabelle der Standardfunktionen mit den zulässigen Datentypen im Anhang.

Immer diese Wiederholungen

Kapitel **6**

Bisher haben wir es (mit einigen Ausnahmen) nur mit linearen Algorithmen, d.h. mit Hintereinanderausführungen von Anweisungen zu tun gehabt. Oft jedoch kommt es vor, daß eine oder mehrere Anweisungen mehrfach durchlaufen werden sollen. Dazu brauchen wir Strukturen, die es erlauben, sogenannte Schleifen zu programmieren.

Dazu gehören Zählschleifen, in denen die Ausführung von Anweisungen mitgezählt und nach einem Endwert beendet wird. Andererseits gibt es Schleifen, deren Abbruch erst durch die Anweisungen in der Schleife selbst bestimmt wird. Im Programm Vieleck in Kap. 3.1 wird z.B. das Zeichnen von Vielecken so lange wiederholt, bis der Benutzer auf die Frage nach weiteren Vielecken mit N antwortet.

Wir behandeln in diesem Kapitel drei Schleifentypen:

Die FOR- , REPEAT- und WHILE-Schleife.

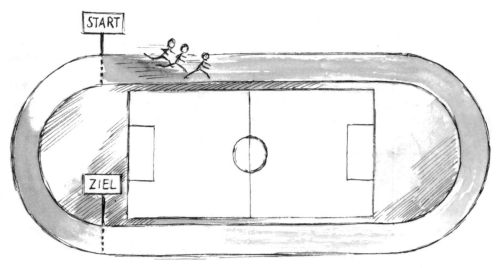

Nach dem Lesen dieses Kapitels

- kennen wir die Syntax der drei Schleifentypen und können sie richtig anwenden;
- wissen wir, welche Unterschiede zwischen den Schleifentypen bestehen;
- kennen wir Fehlerquellen bei der Benutzung von Schleifen und können sie vermeiden;
- kennen wir das Problem der Terminiertheit und können Schleifen korrekt beenden.

6.1 Zähle von ... bis ... – die FOR-Schleife

Rundenzähler   Der Zweck des oben abgebildeten Rundenzählers dürfte bekannt sein: Er zählt Runden. Sehen wir uns seine Arbeitsweise genauer an. Wir lassen dabei die technischen Details außer Betracht. Das Zählwerk des Rundenzählers muß auf einen Anfangswert, z.B. den Wert Null, gesetzt worden sein. Nach jeder Runde wird der aktuelle Wert des Zählwerks um eins erhöht. Dies geschieht so oft, bis das Zählwerk eine vorgegebene Anzahl von Runden anzeigt.

Laufvariable   In PASCAL gibt es eine Anweisung, die es ermöglicht, auf ähnliche Art und Weise "Runden" zu zählen. Diese nennt man FOR-Anweisung. Auch hier wird eine Zählvariable – manchmal spricht man auch von Laufvariable – auf einen Anfangswert gesetzt. Ferner muß der Endwert vorgegeben sein.

Den Runden in unserem Beispiel entspricht eine Anweisung oder ein in BEGIN und END gefaßter Anweisungsblock. Die FOR-Schleife hat die Form:

FOR Zählvariable:=Anfangswert TO Endwert DO Anweisung;
FOR Zählvariable:=Anfangswert TO Endwert DO BEGIN Anweisungen
END;

vorwärts

Es ist außerdem möglich, rückwärts zu zählen. In diesem Fall muß in der obigen Anweisung TO durch DOWNTO ersetzt werden:

FOR Zählvariable:=Anfangswert DOWNTO Endwert DO Anweisung;
FOR Zählvariable:=Anfangswert DOWNTO Endwert DO BEGIN Anweisungen END;

rückwärts

Die Angabe einer Schrittweite – wie in manchen anderen Programmiersprachen – ist in Pascal nicht möglich. Die Zählvariable wird also immer nur auf den Nachfolger erhöht oder auf den Vorgänger vermindert.

Dazu ein kleines Beispiel:

In Kap. 5.3 haben wir den ASCII-Zeichensatz kennengelernt. Hier nun ein Programm, das alle druckbaren Zeichen dieses Zeichensatzes vorwärts und rückwärts ausgibt.

ASCII

Das Programm:

```
PROGRAM Ascii;

VAR i,zeit : INTEGER;

BEGIN
  ClrScr;                      { loescht den Bildschirm }
  WRITELN;
  WRITE('Der ASCII-Zeichensatz ');
  WRITELN(' - vorwaerts:');
  WRITELN;
  FOR i:=32 TO 126 DO
    WRITE(i:5,':',chr(i):2);
  FOR zeit:=1 TO 20000 DO;      { Verzoegerungsschleife }

  ClrScr;                      { loescht den Bildschirm }
  WRITE('Der ASCII-Zeichensatz ');
```

Programm

109

6.1   Zähle von ...bis... – die FOR-Schleife

```
WRITELN('- und rueckwaerts:');
WRITELN;
FOR i:=126 DOWNTO 32 DO
  WRITE(i:5,':',chr(i):2);
FOR zeit:=20000 DOWNTO 1 DO;            { Verzoegerungsschleife }
END.
```

Beachtenswert ist der Einsatz von FOR-Anweisungen als Verzögerungsschleife mit einer leeren Anweisung nach dem DO.

Datentypen der Zählvariablen

Deklariert man die Zählvariable folgendermaßen:

```
VAR ch: CHAR;       { CHAR = Buchstabe }
```

kann man die entsprechenden FOR-Anweisungen wie folgt ändern:

```
FOR ch:=' ' TO '~' DO      bzw.
FOR ch:='~' DOWNTO ' ' DO
```

Die Ausgabe bleibt gleich. Wie an diesem Beispiel zu sehen ist, kann man als Zählvariable auch andere Datentypen als INTEGER, wie z.B. CHAR, verwenden. Die Datentypen müssen allerdings genau einen Nachfolger oder Vorgänger haben. Daher kommen zunächst nur INTEGER, CHAR und BOOLEAN (nur zwei Werte!) als Zählvariablen in Frage.

Später werden wir sehen, wie man selbstdefinierte Typen, sog. Aufzählungstypen, als Zählvariablen einsetzen kann. In einem Programm können somit durchaus die folgenden Anweisungen auftreten:

```
FOR ch:='A' TO 'Z' DO WRITE (ch);
             { Gibt alle Grossbuchstaben aus }
For ch:='z' DOWNTO 'a' DO WRITE (ch);
             { Gibt alle Kleinbuchstaben aus }
```

Verzögerungs-schleife

Wodurch kann nun erreicht werden, daß ein Programm – z.B. mit einer der o.a. FOR-Schleifen – nach der Ausgabe jedes einzelnen Buchstabens kurz anhält und dann fortfährt? Offensichtlich kann eine Verzögerungsschleife innerhalb des Anweisungsblocks einer FOR-Schleife dies bewirken. In einem solchen Fall spricht man von Schachtelung. Dabei ist zu beachten, daß die innere Schleife jeweils vollständig abgearbeitet wird, bevor die äußere Schleife fortgeführt wird.

Verdeutlichen wir uns dies anhand eines weiteren Programms. Es soll ein Dreieck aus *-Zeichen bilden und ausgeben. Die Planung des Programms kann zu folgendem Blockdiagramm führen:

Aufgabe (Dreieck)

Blockdiagramm

Programm DREIECK
Variablen Sterne_pro_Zeile,
aussen, innen,
Anzahl_der_Zeilen: ganze Zahl
Anfang
Einlesen Anzahl_der_Zeilen
Setze Sterne_pro_Zeile auf
Zähle Anzahl_der_Zeilen herunter bis 1 und tue

	Anfang
⟶	Gib so viele Leerstellen aus wie noch Zeilen
	vorhanden
	Zähle von 1 bis Sterne_pro_Zeile und tue
	Gib '*' aus
	Gehe eine Zeile weiter
	Erhöhe die Anzahl der Sterne_pro_Zeile um 2
	Ende

Ende.

An der mit ——> gekennzeichneten Stelle fällt auf, daß unsere Planung hier eine unsaubere Formulierung aufweist, d.h. eine Formulierung, die nicht ohne weiteres in die Programmiersprache Pascal zu übersetzen ist. Mit Hilfe des bisher erworbenen Wissens über die FOR-Schleife kann man hier sehr leicht eine Verbesserung vornehmen. Hier nun das zugehörige Programm:

Programm

```
PROGRAM Dreieck;

VAR Sterne_pro_Zeile,
    Aussen, Innen, Leer,
    Anzahl_der_Zeilen: INTEGER;
```

111

```
BEGIN
ClrScr;
WRITE ('Wie viele Zeilen soll das Dreieck haben? ');
READLN (Anzahl_der_Zeilen);
Sterne_pro_Zeile:=1;              { fuer erste Zeile }

FOR Aussen := Anzahl_der_Zeilen DOWNTO 1 DO
  BEGIN           { von Aussen }
    FOR Leer:=Aussen DOWNTO 1 DO WRITE (' '); { Gibt ' ' aus }
    FOR Innen:=1 TO Sterne_pro_Zeile DO WRITE ('*');
    Sterne_pro_Zeile := Sterne_pro_Zeile + 2;
    WRITELN         { naechste Zeile }
  END             { von Aussen }
END.
```

Schachtelung   Innerhalb der Aussen-Schleife, die einen Anweisungsblock umfaßt, sind zwei weitere FOR-Schleifen untergebracht, die jeweils nur eine Anweisung beinhalten. Ferner wird die Zählvariable Aussen in der Leer-Schleife als Anfangswert eingesetzt. Lassen wir das Programm einmal mit Anzahl_der_Zeilen :=6 ablaufen, so ergibt sich folgender Ausdruck:

Ergebnis

```
        *
       ***
      *****
     *******
    *********
   ***********
```

Wir halten fest:

Die FOR-Schleife zählt eine Zählvariable von einem Anfangswert bis zu einem Endwert (herauf mit TO, herunter mit DOWNTO).

Regeln   → Anfangs- und Endwert dürfen Konstanten oder Variablen sein.

→ Anfangs-, Endwert und Zählvariable müssen vom gleichen Datentyp sein.

→ Als Schleifentyp kann jeder Datentyp verwendet werden, der genau einen Nachfolger (bzw. Vorgänger) hat (INTEGER, CHAR, BOOLEAN und Aufzählungstypen).

→ Eine Schleife wird einmal abgearbeitet, wenn Anfangs- und Endwert übereinstimmen.

→ Eine Schleife wird keinmal abgearbeitet, wenn bei Verwendung von TO der Anfangswert größer als der Endwert, bei Verwendung von DOWNTO der Anfangswert kleiner als der Endwert ist.

→ Schleifen können geschachtelt werden.

→ Schleifen mit einer leeren Anweisung können als Verzögerungsschleifen eingesetzt werden.

Darüber hinaus

→ kann eine Zählvariable zur Berechnung anderer Variablen verwendet werden.

→ sollten Zählvariable, Anfangs- und Endwert in einer Schleife nicht verändert werden.

Ändern der Variablen

Hinweis: In einigen Pascal-Versionen ist das Ändern von Zählvariablen sowie von Anfangs- und Endwert innerhalb der Schleife zwar möglich, sollte aber aus Gründen eines sauberen Programmierstils unterbleiben.

Definition der FOR-Schleife

FOR-Schleife:

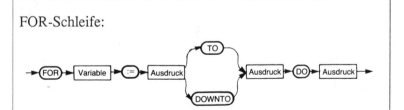

FOR Zählvariable:=Anfangswert TO Endwert Do Anweisung(en);
FOR Zählvariable:=Anfangswert DOWNTO Endwert Do Anweisung(en);
sind aufwärtszählende (TO) und abwärtszählende (DOWNTO) Zählschleifen.

113

Zählvariable, Anfangswert und Endwert sind vom gleichen Datentyp. Sie können von den Typen INTEGER, CHAR, BOOLEAN oder Aufzählungstyp sein.

Die Schleifenvariablen dürfen in der Schleife nicht verändert werden. Schleifen dürfen geschachtelt werden.

Hinweis: Eine Schleife der Form

```
FOR Zählvariable:=Anfangswert TO Endwert DO;
```

ist ebenfalls möglich. Das Semikolon hinter dem Wort DO stellt eine leere Anweisung dar. Diese Form kann z.B. als Verzögerungsschleife angewandt werden, da der Rechner in dieser Schleife lediglich zählt.

Übungen:

6.1.1   Schreiben Sie ein Programm zu folgender Aufgabe:
a) Eingabe einer positiven ganzen Zahl;
b) die eingegebene Zahl ist (ist nicht) Primzahl.

6.1.2   Können Sie sich einen plausiblen Grund überlegen, warum der Endwert einer Schleife innerhalb der Schleife nicht geändert werden soll?

6.1.3   Schreiben Sie ein Programm, das durch mehrfache Multiplikation die ganzzahlige Potenz einer beliebigen Zahl berechnet.

6.1.4   Welche Funktion hat die Schleife

```
FOR i:=5 TO 0 DO ...          ?
```

6.1.5   Schreiben Sie ein Grafikprogramm, das eine eckige Spirale zeichnet:
Ausgehend von der Bildschirmmitte wird der Zeichenstift mit der Forwd-Anweisung um 5 Punkte nach rechts bewegt, dann um 90 Grad gedreht und weiterbewegt. Die Seitenlänge wird jeweils um 5 Einheiten vergrößert. Insgesamt soll die Spirale aus 80 Seiten bestehen.

6.1.6   Die Fakultät (in Zeichen: !) einer ganzen Zahl n ist nichts anderes als die Multiplikation aller Zahlen von 1 bis n.

Beispiel: 5! = 1 * 2 * 3 * 4 * 5

Schreiben Sie ein Programm zur Fakultätsberechnung.

6.2 Wiederhole ... bis ... – die REPEAT-Schleife

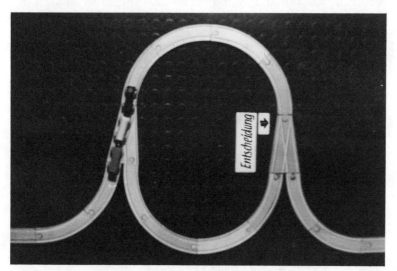

Neben der im vorangegangenen Paragraphen besprochenen FOR-Anweisung gibt es in Pascal zwei weitere Möglichkeiten, einen Programmteil wiederholt vom Rechner ausführen zu lassen. Beide unterscheiden sich von der FOR-Anweisung dadurch, daß die Anzahl der Schleifendurchläufe (Wiederholungen) nicht von vornherein durch die Angabe eines Endwertes festgelegt werden muß. Vielmehr wird zur Beendigung der Schleife eine Bedingung – die sogenannte Abbruchbedingung – herangezogen.

Abbruch-
bedingung

Die REPEAT-Schleife ist eine der beiden Möglichkeiten. Sie hat die Form

Form

	REPEAT	Anweisung(en)	UNTIL	Bedingung
also	WIEDERHOLE	Anweisung(en)	BIS	Bedingung (erfüllt).

115

Modell

Verdeutlichen wir uns die Arbeitsweise einer solchen Schleife einmal an folgendem Modell: Flugzeuge, die einen Flughafen zur Landung anfliegen, werden gelegentlich angewiesen, eine Warteposition einzunehmen, d.h. Schleifen zu fliegen, bis die Freigabe zur Landung erfolgt. In unserer algorithmischen Sprache muß das Flugzeug die Anweisung

WIEDERHOLE Warteschleifen fliegen BIS Freigabe zur Landung erfolgt

Flußdiagrmm

befolgen. Als Flußdiagramm ergibt sich für unser Modell der REPEAT-Schleife folgendes Bild:

Wenn die Freigabe zur Landung nicht erfolgt, so stürzt unser Flugzeug ab – genau wie unser Programm. Die (Warte-)Schleife wird nur dann verlassen, wenn die Abbruchbedingung erfüllt ist, d.h. den Wert TRUE annimmt.

Sehen wir uns unter diesem Aspekt einmal die folgende Anweisung etwas genauer an:

```
REPEAT WRITE ('Drucker einschalten')
UNTIL Drucker eingeschaltet
```

Ist der Drucker nicht eingeschaltet, so hat unsere Abbruchbedingung, die sich in Pascal leider nicht so einfach darstellen
läßt, den Wert FALSE. Dies hat eine Wiederholung der
WRITE-Anweisung zur Folge. Erst wenn der Drucker eingeschaltet wird, kann der Rechner die Schleife beenden. Ist kein
Drucker vorhanden, so rettet uns nur noch die <RESET>-Taste
vor der Wiederholungswut des Rechners.

Es ist also peinlich genau darauf zu achten, daß die Abbruchbedingung den Wert TRUE überhaupt annehmen kann (Problem
der Terminiertheit). Dies ist natürlich nur dann möglich, wenn   *Terminiertheit*
die Voraussetzungen für die Bedingung in der Schleife geän-
dert werden.

Ein lauffähiges Beispiel für die Verwendung der REPEAT-
Schleife ist das folgende kleine Programm:

Programm

```
PROGRAM Wiederholung;

 VAR ch: CHAR;

 BEGIN
   REPEAT              { aeussere Schleife }
   REPEAT              { innere Schleife }
     ClrScr;           { loescht den Bildschirm }
     GOTOXY(3,5);      { setzt den Cursor auf die 3-te Spalte
                 in der 5-ten Zeile }
     WRITE ('Soll die Schleife verlassen werden? (j/n)');
     READLN (ch)
   UNTIL (ch='j') or (ch='n');      {innere Schleife }
   WRITELN; WRITELN ('Gleich geht es weiter')
   UNTIL ch='j';                { aeussere Schleife }
   ClrScr;
   GOTOXY(10,15);
   WRITELN ('ENDE')
 END.
```

Zunächst fällt auf, daß REPEAT-Schleifen genau wie FOR-   *Schachtelung*
Schleifen geschachtelt werden können.

Was leistet nun das Programm? Wird ein von 'j' oder 'n' verschiedener Buchstabe eingegeben, so wird der Bildschirm gelöscht, der Cursor auf die vorgegebene Stelle gesetzt, die Frage ausgegeben und erneut ein Zeichen eingelesen. Man beachte dabei, daß der Rechner genau zwischen 'j' und 'J' unterscheidet. Die innere Schleife wird also erst verlassen, wenn ein ganz bestimmtes Zeichen (hier: 'j' bzw. 'n') eingelesen wurde. Hat die Variable ch den Wert 'n', so wird die innere Schleife als eine Anweisung der äußeren wiederholt. Andernfalls wird auch die äußere Schleife verlassen und das Programm beendet.

Kein Semikolon vor UNTIL

Bemerkenswert ist ferner, daß die Anweisungen zwischen RE-PEAT..UNTIL nicht durch BEGIN und END zu einem Anweisungsblock zusammengefaßt sind. Die reservierten Wörter RE-PEAT..UNTIL übernehmen hier die klammernde Funktion, die sonst BEGIN und END vorbehalten ist. Auch das Semikolon vor UNTIL kann entfallen. Ist es vorhanden, so wird es – wie auch vor END – als leere Anweisung behandelt.

Aufgabe (π)

Wir wollen nun noch ein kleines Problem aus der Mathematik lösen: Berechnung der Kreiszahl π.

Dazu benutzen wir das von den Mathematikern bereitgestellte Wissen, daß sich Pi über eine Produktreihe berechnen läßt:

$$\frac{\pi}{2} = \frac{2^2}{1*3} * \frac{4^2}{3*5} * \frac{6^2}{5*7} * \cdots$$

Allgemein läßt sich der n-te Faktor darstellen als

$$f_n = \frac{4*n^2}{4*n^2-1}$$

Planung

Die Zahl π soll mit der größten dem Rechner möglichen Genauigkeit berechnet werden. Dazu brauchen wir eine Schleife, die die oben dargestellten Faktoren so lange miteinander multipliziert, bis sich keine Änderung des Ergebnisses mehr zeigt.

Als Abbruchbedingung könnte man den zuletzt berechneten Wert für π mit dem neuen Wert vergleichen. Durch Rundungsfehler bei REAL-Zahlen (siehe Kap. 5.2) führt dies jedoch selten zu einem Abbruch, denn gleiche Zahlen sind oft für den Rechner nicht gleich. Wir würden damit eine unendlich lange Schleife konstruieren.

Statt dessen benutzen wir eine Hilfsvariable, die den jeweils letzten Wert von π bekommt, subtrahieren die Hilfsvariable vom neuen Wert für π und vergleichen diese Differenz mit einer sehr kleinen Zahl (nicht Null!).

Das Programm:

Programm

```
PROGRAM Kreiszahl;

  CONST Delta=1E-11;

  VAR n, Faktor, Pi, Hilf, Differenz : REAL;

  BEGIN
    n := 1;
    Pi := 1;
    REPEAT
      Hilf := Pi;
      Faktor := 4 * SQR(n);
      Pi := Pi * Faktor / (Faktor - 1);
      n := n + 1;
      Differenz := ABS(Hilf - Pi)
    UNTIL Differenz < Delta;
    WRITELN('Nach',n:6:1, 'Durchlaufen ist Pi=', 2*Pi:11:9)
  END.
```

Merke:

Regeln

→ Die Abbruchbedingung der REPEAT-Schleife muß ein Ausdruck oder eine Variable vom Typ BOOLEAN sein (siehe auch Kap. 5.5).

→ Die Abbruchbedingung muß in der Schleife verändert werden, da die Schleife sonst unendlich lange läuft.

→ Die Schleife wird beendet, wenn die Abbruchbedingung wahr ist.

119

Eigenschaft der
REPEAT-
Schleife

Die besondere Eigenschaft einer REPEAT-Schleife liegt darin, daß die Abbruchbedingung am Ende der Schleife geprüft wird. Daher läuft eine REPEAT-Schleife mindestens einmal.

Terminiertheit

Terminiertheit:

Es ist stets genau darauf zu achten, daß die Schleife auch tatsächlich terminiert (beendet) ist. Wir müssen dazu folgendes überprüfen:

– Ist in der Abbruchbedingung überhaupt eine Variable vorhanden, die der Bedingung den Wert TRUE geben kann?

– Wird die Abbruchbedingung jemals erreicht?

Definition
REPEAT-
Schleife

REPEAT-Schleife:

Der Abbruch der REPEAT-Schleife wird nach Ausführung der Schleifen-Anweisungen getestet. Daher läuft die Schleife mindestens einmal.
Die Abbruchbedingung wird in der Schleife verändert.
Auf Terminiertheit der Schleife ist zu achten.

Übungen:

6.2.1 Wie kann eine FOR-Schleife durch eine REPEAT-Schleife ersetzt werden?

Lassen Sie auch eine variable Schrittweite zu.

6.2.2 Welches Problem steckt in folgender Schleife:

```
VAR I:INTEGER;

I:=5;
REPEAT
 I:=I+1;
UNTIL I=3;
```

6.2.3 Schreiben Sie ein Programm, das die Wurzel einer beliebigen Zahl berechnet. Verwenden Sie dazu eine Intervall-
schachtelung, die beendet wird, wenn keine Änderung
des berechneten Wertes mehr auftritt.

6.2.4 Entwickeln Sie ein Programm "Reaktionstest", das bei
einem Tastendruck zu zählen beginnt und beim nächsten
Tastendruck damit aufhört. Zum Schluß kann der Benutzer wählen, ob er noch einmal spielen möchte.

Verwenden Sie die Funktion KeyPressed (siehe Kap. 8),
die den Wert TRUE bekommt, wenn eine Taste gedrückt
wurde.

6.2.5 Bestimmen Sie diejenige ganze Zahl N, für die der Wert
des Bruches 1/N eine vorher eingelesene Zahl möglichst
genau annähert.

6.3   Solange ... tue ... – die WHILE-Schleife

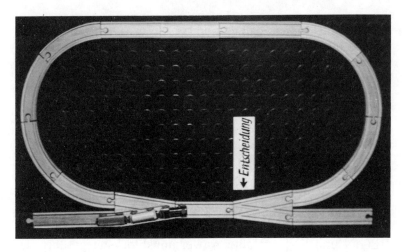

Zur Veranschaulichung des dritten Typs der in Pascal möglichen Schleifen wollen wir einen Zug benutzen. Dazu lassen wir
ihn, wie bei den entsprechenden touristischen Attraktionen üb-
lich, eine ringförmig angelegte Strecke befahren (vgl. obiges
Foto). Nur zum Auffüllen von Wasser und Brennstoff und zum

Modell

Abstellen des Zuges über Nacht wird die Hauptstrecke verlassen und das (einzige) Abstellgleis aufgesucht. Die Betreibergesellschaft einer solchen Museumseisenbahn stellte nun eines Tages einen arg beschränkten, aber trotzdem sehr diensteifrigen Lokomotivführer ein. Dieser verließ trotz mannigfaltiger Hinweise und Erläuterungen jedesmal die Hauptstrecke, wenn der Zug an der Weiche zum Abstellgleis angelangt war. Zum Ausgleich stellte er ihn des öfteren nachts auf der Hauptstrecke ab. Daraufhin erhielt der Lokführer folgende "Dienstanweisung", an die er sich peinlich genau hielt und somit alle Unregelmäßigkeiten beseitigte.

```
BEGINNE        { Tagewerk }
Zug vom Abstellgleis fahren;

WIEDERHOLE
   SOLANGE noch Kohlen und Wasser vorhanden
   TUE     Strecke befahren;
   Kohlen und Wasser fassen;
BIS es Nacht ist;

Zug auf Abstellgleis fahren
ENDE.          { Feierabend }
```

Eingeweihte wissen, daß es sich bei dieser "Dienstanweisung" um die umgangssprachliche Formulierung eines Algorithmus handelt. Untersuchen wir ihn einmal auf seine Struktur: Die uns bereits bekannte Schleife WIEDERHOLE..BIS enthält hier die Anweisung

```
SOLANGE   noch Kohlen und Wasser vorhanden
TUE       Strecke befahren;
```

Anweisungen dieses Typs werden wir nunmehr als dritte Möglichkeit der Wiederholung kennenlernen. In unserem Beispiel folgt dem reservierten Wort SOLANGE (engl. WHILE) eine Bedingung. Ist sie wahr, so wird die Anweisung bzw. der in BEGIN und END gefaßte Anweisungsblock ausgeführt, der dem reservierten Wort TUE (engl. DO) folgt. Der Lokführer unserer Museumseisenbahn hat also, *bevor* er die Hauptstrecke befährt, zu prüfen, ob noch genügend Brennstoff und Wasser vorhanden sind. Erst wenn dies der Fall ist, legt unser Zug eine weitere Runde auf der Hauptstrecke zurück. Die Abzweigung zum Abstellgleis wird erst dann benutzt, wenn es an einem von beidem fehlt, d.h. die Bedingung falsch wird.

Zusammengefaßt hat die WHILE-Schleife folgende Form: *Form*

```
WHILE   Bedingung   DO  Anweisung/-sblock
```

In einem weiteren kleinen Programmbeispiel wollen wir die   *Aufgabe*
Quersumme einer ganzen Zahl berechnen und ausgeben.   *(Quersumme)*

Dazu wird eine ganze Zahl eingegeben und folgende Berechnung angestellt:

Zunächst wird die Zahl durch 10 dividiert (mit MOD), und wir addieren den Rest dieser Division in der Variablen Summe auf. Dann wird die Zahl durch 10 dividiert (mit DIV), und wir verwenden diesen ganzzahligen Quotienten für den nächsten Schleifendurchlauf. Das Ganze wird so lange wiederholt, wie die Zahl noch größer als null ist.

Blockdiagramm

Programm QUERSUMME
Variablen n, Summe : ganze Zahl
Anfang
Eingabe der Zahl n
Summe := 0
Solange n > 0 tue
Summe := Summe + n MOD 10
n: = n DIV 10
Ausgabe der Quersumme der Zahl
Ende.

Das Programm:

```
PROGRAM Quersumme;

  VAR n, Summe : INTEGER;

BEGIN
  WRITE ('Eingabe der Zahl: ');
  READLN (n);
  Summe := 0;
```

```
WHILE n > 0 DO BEGIN
  Summe := Summe + n MOD 10;
  n := n DIV 10
END; { der WHILE-Schleife }
WRITELN ('Die Quersumme ist: ', Summe:4)
END.
```

Solange die Bedingung den Wahrheitswert TRUE hat, läuft die Schleife.

Regeln   *Merke:*

→ Die Bedingung der WHILE-Schleife muß ein Ausdruck oder eine Variable vom Typ BOOLEAN sein (siehe auch Kap. 5.5).

→ Die Bedingung muß in der Schleife verändert werden, da die Schleife sonst unendlich lange läuft.

→ Die Schleife wird beendet, wenn die Bedingung falsch ist.

WHILE-Schleife   Die besondere Eigenschaft einer WHILE-Schleife liegt darin, daß die Bedingung am Anfang der Schleife geprüft wird. Daher läuft eine WHILE-Schleife möglicherweise keinmal.

Flußdiagramm   In einem Flußdiagramm läßt sich das wie folgt darstellen:

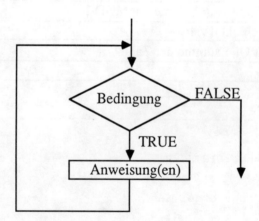

Terminiertheit:

Terminiertheit

Es ist peinlich genau darauf zu achten, daß die Schleife auch tatsächlich terminiert (beendet) ist. Wir müssen dazu folgendes überprüfen:

– Ist in der Bedingung überhaupt eine Variable vorhanden, die der Bedingung den Wert TRUE geben kann?

– Wird die Bedingung jemals erreicht?

Der Abbruch der WHILE-Schleife wird vor Ausführung
der Schleifen-Anweisungen getestet. Daher läuft die Schleife
möglicherweise keinmal.
Die Bedingung wird in der Schleife verändert.
Auf Terminiertheit der Schleife ist zu achten.

Definition
WHILE-Schleife

Unterschied REPEAT – WHILE:

REPEAT-
WHILE

An dieser Stelle sei noch einmal auf die Unterschiede der Schleifenarten hingewiesen.

Bei der REPEAT-Schleife wird die Bedingung nach Ausführung der Schleifenanweisungen auf den Wahrheitswert TRUE überprüft, bei der WHILE-Schleife vorher.

Die REPEAT-Schleife läuft, während die Bedingung den Wert FALSE hat (d.h. bis sie TRUE ist) – die WHILE-Schleife läuft, solange die Bedingung den Wert TRUE hat.

Man kann beide Schleifenformen durch die jeweils andere ersetzen.

Ersetzung

Dazu unser Programm QUERSUMME mit einer REPEAT-Schleife:

125

Programm

```
PROGRAM Quersumme;

  VAR n, Summe : INTEGER;

  BEGIN
    WRITE ('Eingabe der Zahl: ');
    READLN (n);
    Summe := 0;
    REPEAT
      Summe := Summe + n MOD 10;
      n := n DIV 10
    UNTIL n <= 0;
    WRITELN ('Die Quersumme ist: ', Summe:4)
  END.
```

Übungen:

6.3.1 Ersetzen Sie folgende REPEAT-Schleife durch eine gleichwertige WHILE-Schleife:

```
VAR I:INTEGER;
    ch:CHAR;
    ...
    I:=0;
    REPEAT
     I:=I+2;
     WRITELN (I:4);
     WRITE ('Noch eine Berechnung (J/N)? ');
     READ (ch)
    UNTIL ch='N';
    ...
```

6.3.2 Ersetzen Sie die REPEAT-Schleife im Programm Kreiszahl aus Kap. 6.2 durch eine gleichwertige WHILE-Schleife.

6.3.3 Schreiben Sie ein Programm "Spuren", das so lange schwarze Strecken zu jeweils weiteren, zufällig berechneten Koordinaten zeichnet, bis eine Taste gedrückt wird.

Tip:

1. KeyPressed ist TRUE, wenn eine Taste gedrückt wurde.
2. RANDOM ist eine zufällige INTEGER-Zahl (achten Sie auf die Grenzen des Koordinatensystems!). (Siehe Kap. 8.)

6.4 Zusammenfassung

In diesem Kapitel haben wir drei Schleifenformen kennengelernt. Dies ermöglicht uns, die Fähigkeiten des Computers (schnelle und oft wiederholte Ausführung von Anweisungen) noch besser als bisher zu nutzen.

Wir können eine Schleife benutzen, die eine bestimmte Anzahl von Durchgängen wiederholt (FOR) oder zwei Schleifen (REPEAT und WHILE), die durch Bedingungen (boolesche Ausdrücke) gesteuert werden. Bei letzteren haben wir sehr genau darauf zu achten, daß die Schleifen auch beendet (terminiert) sind.

REPEAT und WHILE lassen sich zwar gegeneinander austauschen, sollten aber im Sinne einer übersichtlichen und algorithmisch eleganten Programmierung beide gebraucht werden.

Entscheidungen

Schon bei der Behandlung der Schleifen (Kap. 6) hatten wir es nicht mehr mit linearen Algorithmen und Programmen zu tun, in denen alle Anweisungen hintereinander ausgeführt werden. Je nach Bedingung konnte eine Anzahl von Anweisungen wiederholt werden.

In diesem Kapitel werden wir die Hintereinanderausführung von Befehlen noch weiter durchbrechen. Eine oder mehrere Entscheidungen werden zu einer Verzweigung des Programms führen.

Nach dem Lesen dieses Kapitels

- können wir die IF...THEN-Anweisung für eine einfache Verzweigungsmöglichkeit anwenden;
- können wir die IF...THEN...ELSE-Anweisung für eine zweifache Verzweigungsmöglichkeit anwenden;
- können wir die CASE-Anweisung für mehrfache Verzweigungsmöglichkeiten anwenden;
- können wir Verzweigungen verschachteln;
- erkennen wir Fehler in Verzweigungen und können sie vermeiden.

7.1 Die IF...THEN...ELSE-Konstruktion

**7.1 Wenn ... dann ... sonst ... –
die IF ...THEN ... ELSE-Konstruktion**

Entscheidungen gibt's...

*Fragen eines
Computerfreaks*

> Soll ich mir einen Computer kaufen oder nicht?
>
> Diese Frage kann ich mir ganz einfach beantworten:
>
> Wenn
>   ich genug Geld habe UND einen Computer besitzen möchte,
> dann
>   gehe ich in einen Computer-Shop und kaufe einen.
>
> Was ist aber, wenn die Bedingungen nicht zutreffen?
>
> Nun, dann geht das Leben eben weiter.

Wahrheitswerte

In diesem Monolog (den manch ein Computerfan kennt) kommt eine Entscheidung vor, die von zwei Bedingungen abhängt. Beide Bedingungen müssen zutreffen, was durch das Wort UND bestimmt wird. Wir kennen schon Ausdrücke und Verknüpfungen dieser Art. Sie sind vom Typ BOOLEAN, denn sie können die Wahrheitswerte Wahr oder Falsch annehmen. Wenn also beide Bedingungen wahr sind, dann habe ich grünes Licht für den Computerkauf. Sollte das nicht der Fall sein, so geht mein Leben programmgemäß weiter.

Bedingungen

Auch in der Programmiersprache Pascal gibt es diese Situation. Oft sollen eine oder mehrere Anweisungen nur dann ausgeführt werden, wenn eine Bedingung oder eine Kombination von Bedingungen erfüllt ist. Dazu übersetzen wir einfach WENN... DANN ins Englische und erhalten IF...THEN... Dieses sind genau die reservierten Wörter für eine bedingte Ausführung von Anweisungen.

IF...THEN

Die Form ist:

```
IF logischer Ausdruck THEN Anweisung(en);
```

Wenn mehrere Anweisungen ausgeführt werden sollen, so werden sie wieder mit BEGIN...END zusammengefaßt. Der logische Ausdruck muß den Wahrheitswert TRUE haben, damit die Anweisung(en) ausgeführt wird (werden), andernfalls wird das Programm weiter fortgeführt.

logischer
Ausdruck

Aus Kap. 5.5 kennen wir schon logische Ausdrücke. Beispiele sind:

```
B                  : wobei B vom Datentyp BOOLEAN ist
B=TRUE
B=FALSE
X < Y              : wobei X und Y vom gleichen Typ sind
(X < Y) AND (X > Z)
NOT (A = B)
```

Hinweis: Wenn mehrere logische Ausdrücke durch Verknüpfungsoperatoren (AND, OR, NOT) zusammengefaßt werden, so ist auf korrekte Klammerung zu achten!

Wir wollen uns nun ein kleines Beispiel anschauen:

Programm

```
PROGRAM Waswohl;

  VAR I : INTEGER;

  BEGIN
   FOR I:=1 TO 99 DO BEGIN
    WRITE (I:3);
    IF I MOD 9 = 0 THEN WRITELN
   END { der FOR-Schleife }
  END.
```

Frage: Was bewirkt dieses kleine Programm?

Ergebnis

Einerseits könnten wir es in den Rechner tippen und ausprobieren, andererseits läßt sich die Funktion natürlich auch auf dem Papier ermitteln:

Im Programm läuft eine Schleife von 1 bis 99. Bei jedem Schleifendurchlauf wird die Schleifenvariable ohne Zeilenvorschub in einem Feld von 3 Zeichen geschrieben. Wenn sich allerdings die Variable durch 9 teilen läßt (I MOD 9 = 0), dann wird ein Zeilenvorschub gemacht, so daß die Zahlen in Neunerkolonnen geschrieben werden:

Ausgabe

```
 1  2  3  4  5  6  7  8  9
10 11 12 13 14 15 16 17 18
19 20 21 22 23 24 25 26 27
28 29 30 31 32 33 34 35 36
37 38 39 40 41 42 43 44 45
46 47 48 49 50 51 52 53 54
55 56 57 58 59 60 61 62 63
64 65 66 67 68 69 70 71 72
73 74 75 76 77 78 79 80 81
82 83 84 85 86 87 88 89 90
91 92 93 94 95 96 97 98 99
```

Im Blockdiagramm sieht das Programm folgendermaßen aus:

Blockdiagramm

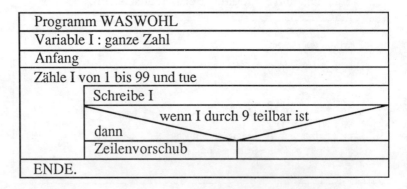

In dem vorangegangenen Problem handelte es sich um eine einseitige Verzweigung, denn für den Fall, daß die Bedingung das Ergebnis FALSE hat, wurde mit der nächsten Anweisung fortgefahren.

Zweiseitige Entscheidung

Nun sind in Pascal aber auch zweiseitige Entscheidungen vorgesehen. Das Wörtchen ELSE (andernfalls) gibt uns die Möglichkeit, bei negativem Ausgang (FALSE) der Entscheidung einen anderen Anweisungsteil ausführen zu lassen.

Die Form ist:

*IF...THEN...
ELSE*

```
IF logischer Ausdruck THEN Anweisunge(en)
ELSE Anweisun(en);
```

Achtung: Vor ELSE darf kein Semikolon stehen!

Wir wollen nun ein Beispielprogramm entwerfen: Zahlenraten. *Aufgabe*
Der Rechner erzeugt eine Zufallszahl zwischen 0 und 99. Der *(Zahlenraten)*
Benutzer darf siebenmal eine Zahl raten. Wenn die Zahl größer
oder kleiner ist als die Zufallszahl, dann wird dies dem Benutzer mitgeteilt. Bei richtiger Eingabe der Zahl beglückwünscht
der Rechner den Benutzer.

Bemerkung: Die Erzeugung von Zufallszahlen zwischen 0 und
max geschieht in Turbo Pascal durch die Funktion RAN-
DOM(max). Soll bei jedem neuen Durchlauf des Programms
eine neue Zufallszahl erzeugt werden, so geben wir RANDO-
MIZE ein.

Blockdiagramm

Programm ZAHLENRATEN
Variablen   Ratezahl, Zufallszahl, I:ganze Zahl Geraten:logische Variable
Anfang
Erzeuge Zufallszahl
Setze Geraten auf falsch
I:=1
Wiederhole

Innerhalb der Wiederhole-Schleife:

- Eingabe der Ratezahl
- Wenn Ratezahl=Zufallszahl
  - dann: Geraten:=Wahr
  - andernfalls: wenn Ratezahl>Zufallszahl
    - dann: Ausgabe: zu groß
    - andernfalls: Ausgabe: zu klein
- I:=I+1

bis Geraten oder I>7

133

(Fortsetzung des Diagramms)

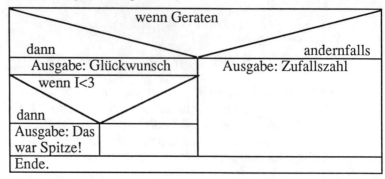

Das Programm:

Programm

```
PROGRAM Zahlenraten;

 VAR Ratezahl, Zufallszahl, I : INTEGER;
             Geraten : BOOLEAN;

 BEGIN
  WRITELN ('Zahlenraten zwischen 0 und 99');
  WRITELN;
  RANDOMIZE; { erzeugt neue Zufallszahl }
  Zufallszahl := RANDOM (99);  { Zahl zwischen 0 und 99 }
  Geraten := FALSE;
  I := 1;
  REPEAT
   WRITE ('Ratezahl: ');
   READLN (Ratezahl);
   IF Ratezahl=Zufallszahl THEN Geraten:=TRUE
   ELSE BEGIN
    IF Ratezahl>Zufallszahl THEN WRITELN ('zu gross')
       ELSE WRITELN ('zu klein')
   END; { von ELSE }
   I:=I+1
  UNTIL Geraten OR (I>7);
  IF Geraten THEN BEGIN
   WRITELN ('Herzlichen Glueckwunsch!');
   IF I<3 THEN WRITELN ('Das war Spitze!')
  END { von IF }
  ELSE WRITELN ('Die Zahl war: ',Zufallszahl:3)
 END.
```

Kleine Aufgabe: Verändern Sie das Programm so, daß der Benutzer entscheiden kann, ob er das Spiel noch einmal spielen will.

In dem vorangegangenen Programm wurden auch geschachtelte Entscheidungen verwendet. Dies ist selbstverständlich bei beiden IF-Konstruktionen möglich. Dabei ist zu beachten, daß eine IF-Abfrage, die von einer anderen abhängt, nur dann ausgeführt wird, wenn die erste Abfrage ein wahres Ergebnis hat.

Schachtelung

Beispiel:

```
IF  Tag=13  THEN  IF  Wochentag=Freitag  THEN  WRITELN
('Vorsicht heute!');

IF  (Tag=13)  AND  (Wochentag=Freitag)  THEN  WRITELN
('Vorsicht heute!');
```

Beide Konstruktionen haben den gleichen Effekt. Nur wenn die Variable Tag gleich 13 ist *und* die Variable Wochentag gleich Freitag ist, wird der Text geschrieben. Die erste (geschachtelte) Konstruktion hat aber den Vorteil, daß *nur,* wenn Tag gleich 13 ist, der Wochentag auch noch überprüft wird. Dies spart natürlich Rechenzeit, da in der zweiten Konstruktion beide Variablen immer geprüft werden.

Definition
IF...THEN...
ELSE

Die Konstruktion:
  IF logischer Ausdruck THEN Anweisung(en)
  ELSE Anweisung(en)
stellt eine zweifache Verzweigung dar.
Wenn der logische Ausdruck wahr ist, wird der 1. Anweisungsteil ausgeführt, andernfalls der 2. Anweisungsteil.

Hinweis: In dem Syntaxdiagramm für IF..THEN..ELSE steckt auch die IF..THEN-Konstruktion. Dies ist das allgemeinere Diagramm.

Fehlerquellen: Bei geschachtelten Verzweigungen kann es insbesondere mit der IF...THEN...ELSE-Konstruktion leicht zu Fehlern kommen, wenn man nicht sorgfältig plant.

Fehlerquellen

7.1 Die IF...THEN...ELSE-Konstruktion

Schachtelung Hier ein Beispiel einer Schachtelung:

```
IF Spannung >= 2 THEN
   IF Spannung > 20 THEN
    IF Spannung > 100 THEN
       WRITELN ('Bereich ueberschritten')
     ELSE WRITELN ('grosser Bereich')
   ELSE WRITELN ('normaler Bereich')
 ELSE WRITELN ('Spannung unter 2 V');
```

Diese Meßbereichsauswahl für ein Spannungsmeßgerät hat folgende Funktion:

Bei Spannungen größer als 100V Meßbereichsüberschreitung.
Bei Spannungen zwischen 20V und 100V großer Bereich.
Bei Spannungen zwischen 2V und 20V normaler Bereich.
Bei Spannungen unter 2V Meßbereich unter 2V.

Übungen:

7.1.1 Schreiben Sie ein Programm, das nach Eingabe der Koeffizienten eine quadratische Gleichung löst (Hilfe: Formelsammlung Mathematik). Bedenken Sie auch die Fälle allgemeingültiger und unlösbarer Gleichungen.

7.1.2 Ein Programm soll nach Eingabe einer Stundenzahl den Wochenarbeitslohn berechnen. Stunden, die über 40 Stunden hinausgehen, sind Überstunden. Die Stundensätze für normale Arbeitsstunden und Überstunden werden als Konstanten gesetzt.

7.1.3 Das Maximum von vier eingegebenen Zahlen soll bestimmt und ausgegeben werden.

7.1.4 Schreiben Sie ein Programm, das alle Primzahlen innerhalb zweier eingegebener Grenzen bestimmt und ausgibt.

7.1.5 Ein Programm soll ermitteln, ob eine eingegebene Zahlenfolge (Ende mit 9999) steigend, fallend oder unsortiert ist.

7.1.6 Schreiben Sie für ein kleines Kind auf, wie es sich an einer Fußgängerampel zu verhalten hat.

7.2 CASE für Mehrfachentscheidungen und Schreibfaule

Programm

```
PROGRAM Bruchrechnung;

VAR Z1, Z2, Z3 : INTEGER;
    N1, N2, N3 : INTEGER;
    I, Min, Teiler : INTEGER;
    Operator : CHAR;

BEGIN
 WRITELN ('Eingabe des 1. Bruches: ');
 WRITE ('Zaehler: ');
 READLN (Z1);
 WRITE ('Nenner:  ');
 READLN (N1);
 WRITELN ('Eingabe des 2. Bruches: ');
 WRITE ('Zaehler: ');
 READLN (Z2);
 WRITE ('Nenner:  ');
 READLN (N2);
 WRITE ('Operator (+,-,*,/): ');
 READ (Operator);

 CASE Operator OF
  '+' : BEGIN
           Z3 := Z1 * N2 + Z2 * N1;
           N3 := N1 * N2
        END;
  '-' : BEGIN
           Z3 := Z1 * N2 - Z2 * N1;
           N3 := N1 * N2
        END;
  '*' : BEGIN
           Z3 := Z1 * Z2;
           N3 := N1 * N2
        END;
  '/' : BEGIN
           Z3 := Z1 * N2;
           N3 := Z2 * N1
        END
 END; { CASE }

 IF Z3 < N3 THEN Min:=Z3
            ELSE Min:=N3;
```

```
FOR I:=1 TO Min DO BEGIN
  IF Z3 MOD I = 0 THEN
    IF N3 MOD I = 0 THEN
      Teiler := I
END; { FOR }

Z3 := Z3 DIV Teiler;
N3 := N3 DIV Teiler;
WRITELN;
WRITELN ( Z1:4,'    ',Z2:4,'    ',Z3:4 );
WRITELN ( '---- ',Operator,' ---- = ----' );
WRITELN ( N1:4,'    ',N2:4,'    ',N3:4 )
END.
```

*Fallunter-
scheidung*

Wir haben es hier mit einer Fallunterscheidung zu tun. Für den Fall (CASE), daß Operator von (OF) der Form einer der folgenden Fälle ist, wird ein Anweisungsteil ausgeführt. Die ganze Fallunterscheidung wird mit END abgeschlossen (vor dem END braucht kein Semikolon zu stehen).

*Aufgabe
(Bruchrechnung)*

Das Programm führt eine Bruchrechnung aus.

Der Benutzer gibt zwei Brüche mit Zähler und Nenner ein, sowie einen Operator (+,−,*,/). Das Programm rechnet das Ergebnis aus und gibt dieses gekürzt aus.

Folgende Stichworte wissen wir noch aus der Mathematik der Brüche:

Addition: Bringe auf Hauptnenner und addiere Zähler.

Subtraktion: Bringe auf Hauptnenner und subtrahiere Zähler.

Multiplikation: Multipliziere jeweils Zähler und Nenner.

Division: Multipliziere mit Kehrwert.

Einfachste Methode für den Hauptnenner: Multiplikation der Nenner.

Das Blockdiagramm dazu:

Blockdiagramm

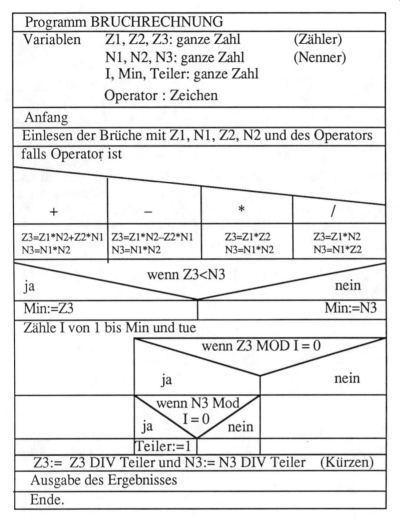

Das Kürzen geht folgendermaßen vor sich: Der Teiler, durch den später Zähler und Nenner gekürzt werden, kann höchstens so groß sein wie die kleinere der beiden Zahlen (Min). Dann wird eine Schleife durchlaufen, in der versucht wird, Zähler *und* Nenner durch die Laufvariable I zu teilen. Für I=1 funktioniert dieses immer. Wenn sich allerdings noch ein größeres I findet, so wird der Bruch echt gekürzt.

Funktion

Beispiel für die Ausgabe des Programms:

Ergebnis

```
Eingabe des 1. Bruches:
Zaehler:  1
Nenner:  15
Eingabe des 2. Bruches:
Zaehler:  5
Nenner:  6
Operator(+, -, *, /): +
     1       5       9
  ---- + ---- = ----
    15       6      10
```

mehrere Konstanten

Vor den Doppelpunkten der CASE-Anweisung können auch mehrere Werte stehen, die dann mit Kommata getrennt werden. Außerdem kann der Liste der möglichen Fälle nach dem reservierten Wort ELSE (END entfällt dann an dieser Stelle) eine Anweisung oder ein Anweisungsblock folgen, der dann ausgeführt wird, wenn keiner der Fälle zutrifft. Die gesamte CASE-Konstruktion wird dann danach mit END abgeschlossen. Beispiel:

```
CASE Frage OF
   'E','e' : Eingabe;
   'A','a' : Ausgabe;
   'S','s' : Sortieren;
   'D','d' : Drucken;
   'F','f' : Finden;
   'Z','z' : Halt
ELSE Fehlerton;
     Fehlermeldung
END;
```

Menü

Eine solche CASE-Anweisung könnte aus einem Menü entstammen. Hierbei wird dem Benutzer z.B. auf dem Bildschirm angeboten:

```
Datenverarbeitung, waehlen Sie:
     E(ingabe von Daten
     A(usgabe von Daten
     S(ortieren
     D(rucken
     F(inden nach Kriterien
     Z(um Schluss
```

Der Benutzer braucht nur den ersten Buchstaben (Eingabe z.B. mit READ oder READ(KBD,..) seiner Wahl einzutippen, und das Programm führt entsprechende Anweisungen (evtl. ganze Prozeduren) aus.

Die Mehrfachentscheidung mit CASE hat die Form:

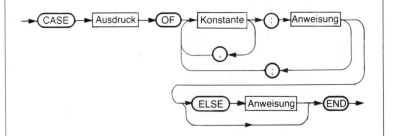

```
CASE Variable OF
  Wert1 : Anweisung(en)1;
  Wert2 : Anweisung(en)2;
  Wert3 : Anweisung(en)3;
  ....
  Wertn : Anweisung(en)n
ELSE Anweisung(en)   {diese Zeile kann entfallen}

END;
```

Wenn ein Anweisungsteil von mehreren Werten abhängen soll, so werden die Werte durch Kommata getrennt. Die Variable muß von einem skalaren Datentyp, nicht aber vom Typ REAL sein, d.h. Aufzählungstyp, Unterbereich, INTEGER, CHAR, BOOLEAN.

Fehlerquelle: Es sind nur skalare Datentypen als Variablen zugelassen. Als bekannte Typen können wir INTEGER, CHAR und BOOLEAN benutzen. Später werden wir noch Aufzählungstypen und Unterbereiche kennenlernen, die auch für CASE zugelassen sind.

Fehlerquelle

Übungen:

7.2.1 Sie kennen aus Ihrer bisherigen Arbeit mit dem Computer schon die Menüsteuerung. Woher?

7.2.2 Schreiben Sie ein Programm "Quiz", bei dem (etwa 5) Fragen gestellt werden und der Benutzer jeweils eine von 4 vorgeschlagenen Antworten geben muß (dazu wird ein Buchstabe eingegeben).

7.2.3   Wie läßt sich die folgende Mehrfachentscheidung durch eine mehrstufige Entscheidung mit IF...THEN...ELSE... ersetzen?

```
CASE i OF
    1 : Teil1;
    2 : Teil2;
    3 : Teil3;
    4 : Teil4;
  5,6 : Teil5
  ELSE  Teil6
END;
```

7.3 Zusammenfassung

Nach den Schleifen haben wir nun sogenannte Verzweigungen kennengelernt, mit deren Hilfe wir aus einem starr geradeaus verlaufenden Algorithmus (Programm) ausbrechen können.

Genaugenommen sind es zwei Verzweigungsarten, die hier vorgestellt wurden: IF...THEN...ELSE und CASE. Die IF...THEN-Konstruktion ist ja in der IF...THEN...ELSE-Konstruktion enthalten, wenn der ELSE-Teil weggelassen wird.

In der Programmiersprache BASIC ist mit diesen Konstruktionen oft die Möglichkeit eines Sprungs zu einer anderen Programmstelle verbunden. In Pascal kommen wir ohne die Sprünge aus. Hier hat die Verzweigung den Sinn, daß, je nach Bedingung, eine Anweisung (oder ein Block von Anweisungen) ausgeführt wird. Die Anweisung kann auch ein Prozedurname sein, hinter dem sich ein größerer Programmteil verbirgt.

Mit der CASE-Anweisung haben wir eine sehr komfortable Möglichkeit, viele verschiedene Bedingungen abzufragen und auszuwerten.

Kleiner Ausflug in die Grafik

Kapitel **8**

Kleiner Ausflug in die Grafik

In diesem Kapitel wollen wir uns mit den Möglichkeiten grafik-
fähiger MS-DOS-Rechner beschäftigen. Es wird hier aus Gründen der Didaktik und des kleinsten gemeinsamen Nenners verschiedener Grafik-"Philosophien" nur auf die sog. Turtle-Grafik eingegangen. Sie ist auf IBM- und kompatiblen Rechnern
sowie auf vielen anderen Rechnern lauffähig. Bei einigen Rechnern bieten Fremdhersteller Grafikpakete an, die Grafikbefehle als Prozeduren zur Verfügung stellen, die in sogenannten In-
clude-Dateien residieren. Sollten die Befehle nicht mit der hier
verwendeten Grafik übereinstimmen, so ist es oft ein leichtes,
die Befehle in der Include-Datei (mit dem Editor zu behandeln)
umzubenennen.

Alle Programmbeispiele sind direkt auf einem MS-DOS-Rechner lauffähig.

Bei anderen Rechnern mit der sogenannten Turtle-Grafik muß eventuell ein anderer Bildschirmaufbau beachtet werden und müssen die entsprechenden Längen umgerechnet werden.

Nach dem Lesen dieses Kapitels

– können wir die Befehle der Turtle-Grafik richtig anwenden.
– haben wir Spaß an der Grafik gehabt.

8.1 Was hat die Schildkröte mit dem Computer zu tun?

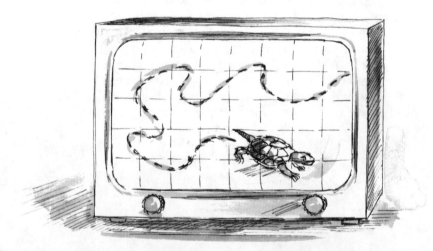

Farbspur Wir haben in unserem Rechner eine recht intelligente und künstlerisch begabte Schildkröte versteckt. Sie kann von unseren Programmen aus bewegt werden und dabei eine Spur in einer Farbe hinterlassen. Dazu haben wir Anweisungen, die der Schildkröte sagen, daß sie eine farbige Spur hinterlassen soll, wie weit sie sich bewegen soll, wohin sie sich drehen soll und wohin sie sich bewegen soll.

Turtle Im Englischen heißt die Schildkröte Turtle. Im englischsprachigen Raum ist, insbesondere für den Anfangsmathematikunterricht, eine Geometrie bekannt, die auf Bewegungen dieser

144

Schildkröte aufbaut und sich Turtlegrafics nennt. Voraussetzung zur Ausführung dieser Grafik ist die Möglichkeit des Rechners zur Darstellung der Grafik auf dem Bildschirm. Unter MS-DOS ist z.B. diese Möglichkeit vorhanden. Die Anweisungen zur Ausführung der Grafik sind in einer Include-Datei enthalten. Das ist eine Textdatei, die Prozeduren und Funktionen enthält, die durch Nennung des Prozedur- oder Funktionsnamens aufgerufen werden und benutzt werden können wie Pascal-Befehle. Wenn die entsprechende Include-Datei ins Programm eingefügt wird, so können die Prozeduren und Funktionen verwendet werden, als wenn sie im Programm geschrieben worden sind.

Include-Datei

Die Grafik ist benutzbar durch die Anweisung:

```
{$I Graf.p}
```

{$I Graf.P}

die gleich nach dem Programmnamen eingefügt wird.

Der Bildschirm des Rechners ist dann im Grafik-Modus aufgeteilt in 320 x 200 Punkte oder 640 x 200 Punkte (je nach Grafikauflösung). Wir können auf einzelne Punkte durch ein Koordinatensystem zugreifen, das wir uns über den Bildschirm gelegt denken:

Bildschirm

159,00   160,100

-159, -99   160,-99

Auf dieser Zeichenfläche ist sowohl direkte Bewegung zu einem Punkt wie auch relative Bewegung des Turtles von einem aktuellen Standort aus möglich. Der Turtle (Schildkröte, Zeichenstift) hat stets eine Farbe und eine Richtung. Beide erkennt man allerdings nur, wenn der Turtle bewegt wird.

8.2 Befehle der Turtlegrafik

Whileplot

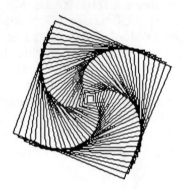

Diese Grafik wurde durch das folgende Programm erzeugt, dessen Anweisungen wir im Laufe des Paragraphen besser verstehen werden.

Programm

```
PROGRAM Whileplot;
{$I Graf.p}

CONST Anfangsseite = 5;
      Aenderung = 1;
      Winkel = 89;
      Maxseite = 120;

VAR Seite : INTEGER;

BEGIN
 Home;
 Seite := Anfangsseite;
 WHILE Seite < Maxseite DO BEGIN
  Forwd (Seite);
  TurnLeft (Winkel);
  Seite := Seite + Aenderung
 END; { von WHILE }
 READLN { als Programmstop }
END.
```

Die Include-Datei Graf.p wird im Programm gleich nach dem Programmnamen durch

{$I Graf.p}

```
{$I Graf.p}
```

ins Programm eingefügt.

Im folgenden werden die Befehle der Turtle-Grafik aufgeführt und im nächsten Kapitel in kleinen Programmbeispielen verwendet.

`Home;`

Initialisieren

Die Anweisung hat keine Parameter. Sie sorgt dafür, daß der Bildschirm gelöscht wird und der Turtle (Schildkröte, Zeichenstift) in die Mitte des Bildschirms (0,0) gesetzt wird und nach oben zeigt.

`ClearScreen;`

Bildschirm löschen

Die Anweisung hat keine Parameter. Sie bewirkt, daß der Grafikbildschirm gelöscht und der Zeichenstift in die Mitte (0,0) gesetzt wird.

`PenUp;`

Bewegen ohne Zeichnen

Die Anweisung hat keine Parameter und bewirkt, daß der Zeichenstift angehoben wird, d.h. daß bei Bewegung kein Strich gezeichnet wird.

`PenDown;`

Bewegen mit Zeichnen

Die Anweisung hat keine Parameter und bewirkt, daß der Zeichenstift abgesenkt wird, d.h. daß bei Bewegung ein Strich gezeichnet wird.

`SetHeading(n);`

Richtung einstellen

Die Anweisung hat einen Parameter vom Datentyp INTEGER. Der Turtle zeigt nach Ausführung dieser Anweisung in die angegebene Richtung (in Grad), wobei die Richtung der X-Achse (nach oben) null Grad entspricht.

Bemerkung: Positive Winkel bewirken eine Drehung im Uhrzeigersinn, negative umgekehrt. Winkel können Werte zwischen −360 und +360 annehmen. Werte außerhalb dieses Bereichs werden modulo 360 behandelt.

Turtle-Befehle

Linksdrehen

```
TurnLeft(n);
```

Die Anweisung hat einen Parameter vom Datentyp INTEGER. Der Turtle wird, ausgehend von seiner aktuellen Richtung, um einen Winkel von n-Grad (gegen den Uhrzeigersinn) weitergedreht.

Rechtsdrehen

```
TurnRight(n);
```

Die Anweisung hat einen Parameter vom Datentyp INTEGER. Der Turtle wird, ausgehend von seiner aktuellen Richtung, um einen Winkel von n Grad (im Uhrzeigersinn) weitergedreht.

Vorwärts

```
Forwd(n);
```

Die Anweisung hat einen Parameter vom Datentyp INTEGER. Der Turtle bewegt sich in seiner aktuellen Richtung um n Einheiten weiter.

Rückwärts

```
Back(n);
```

Die Anweisung hat einen Parameter vom Datentyp INTEGER. Der Turtle bewegt sich in seiner aktuellen Richtung um n Einheiten zurück.

Position einstellen

```
SetPosition(X,Y);
```

Die Anweisung hat zwei Parameter vom Datentyp INTEGER. Der Turtle wird von seiner aktuellen Position geradlinig zu einem Punkt mit den Koordinaten (X,Y) bewegt und zeigt nachher weiter in dieselbe Richtung wie vorher.

X-Koordinate

```
Xcor;
```

Die Funktion Xcor erhält einen Wert vom Datentyp INTEGER und kann einer Variablen zugewiesen werden. Sie ergibt die aktuelle X-Position des Turtles.

148

`Ycor;`   *Y-Koordinate*

Die Funktion Ycor erhält einen Wert vom Datentyp INTEGER und kann einer Variablen zugewiesen werden. Sie ergibt die aktuelle Y-Position des Turtles.

`Heading;`   *Richtung*

Die Funktion Heading erhält einen Wert vom Datentyp INTEGER und kann einer Variablen zugewiesen werden. Sie ergibt den aktuellen Winkel der Richtung des Turtles.

Übungen:

8.2.1 Was ist der Unterschied zwischen den Befehlen TurnLeft, TurnRight und SetHeading bzw. Forwd und SetPosition?

8.2.2 Ändern Sie das Programm "Whileplot" so, daß der Benutzer die Form der Spirale selber wählen kann.

8.3 Kleine Programme mit Turtles

1. Zeichnen eines Dreiecks: *Aufgabe (Dreieck)*

Wir wollen ein Programm schreiben, das ein gleichseitiges Dreieck mit wählbarer Seitenlänge an eine bestimmte Stelle des Bildschirms zeichnet.

Dazu brauchen wir die Eingabe der entsprechenden Größen und müssen sodann den Turtle ohne Farbe an die Anfangsposition bewegen. Da der Turtle gleich nach oben zeigt, können wir sofort mit dem Zeichnen beginnen. Dreimal muß der Turtle um die Seitenlänge vorwärts bewegt und dabei um 120 Grad gedreht werden.

Frage: Warum 120 Grad und nicht 60 Grad? (Skizze!)

Wir fügen zum Schluß die Anweisung READLN an, die auf irgendeine Eingabe wartet. Das Programm läßt sich dann durch Drücken der Return-Taste beenden.

Dreieck

Blockdiagramm

Programm DREIECK	
Benutzt Turtlegrafik	
Variablen Seite, X, Y, I: ganze Zahl	
Anfang	
Eingabe der Werte für Seite und X, Y	
Grafik vorbereiten	
Bewege Turtle nach X, Y	
Zähle I von 1 bis 3 und tue	
	Bewege Turtle um Seite weiter
	Drehe Turtle um 120 Grad
Warte auf Tastendruck	
Ende.	

Das Programm:

Programm

```
PROGRAM Dreieck;

 {$I Graph.p}

 VAR Seite, X, Y, I : INTEGER;

 BEGIN
  WRITELN ('Dreieck zeichnen: ');
  WRITELN ('Ende mit <Return> ');
  WRITE ('Eingabe Seitenlaenge: ');
  READLN (Seite);
  WRITE ('X-Position: ');
  READLN (X);
  WRITE ('Y-Position: ');
  READLN (Y);

  Home; { Grafik vorbereiten }

  SetPosition (X,Y);
  FOR I:=1 TO 3 DO BEGIN  { Dreieck zeichnen }
   Forwd (Seite);
   TurnLeft (120)
  END; { FOR }
  READLN; { zum Anhalten }
 END.
```

Aufgabe (Vieleck)

2. Zeichnen eines Vielecks:

Wir wollen das Programm zum Zeichnen eines Dreiecks etwas erweitern, um beliebige regelmäßige Vielecke mit vorgegebener Eckenzahl zu zeichnen.

Der einzige Unterschied ist der, daß wir nun nicht 3mal, sondern n-mal die Seite zeichnen und nicht um 120 Grad, sondern um 360 DIV n Grad drehen. Die Änderungen sind so geringfügig, daß hier auf eine Planung verzichtet werden kann.

Das Programm:

Programm

```
PROGRAM Vieleck;

 {$I Graph.p}

 VAR Seite, X, Y, I, N : INTEGER;

 BEGIN
  WRITELN ('Vieleck zeichnen: ');
  WRITELN ('Ende mit <Return> ');
  WRITE ('Eingabe der Eckenzahl: ');
  READLN (N);
  WRITE ('Eingabe Seitenlaenge: ');
  READLN (Seite);
  WRITE ('X-Position: ');
  READLN (X);
  WRITE ('Y-Position: ');
  READLN (Y);

  Home; { Grafik vorbereiten }
  SetPosition (X,Y);
  FOR I:=1 TO N DO BEGIN  { Vieleck zeichnen }
   Forwd (Seite);
   TurnLeft (360 DIV N)
  END; { FOR }
  READLN; { zum Anhalten }
 END.
```

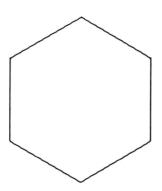

8.4   Zusammenfassung

Übungen:

8.3.1 Schreiben Sie ein Programm, das es erlaubt, durch wiederholte Eingabe von X- und Y-Werten im Dialog mit
dem Computer auf dem Bildschirm zu zeichnen.

8.3.2 Ein Programm soll zufällige Linien (zufällig in Zeichen-
richtung und Länge) auf den Bildschirm zeichnen. Beendet wird das Zeichnen beim Erreichen des Bildschirm-
randes.

Tip: Benutzen Sie RANDOM.

8.4 Zusammenfassung

Programmieren soll Spaß machen!

Mit den im letzten Kapitel gelernten Grafikroutinen können
wir viel Spaß haben und viele Programme durch entsprechende
Grafikausgaben wertvoll bereichern.

Oft sagt eine übersichtliche Tabelle mehr über Zusammenhän-
ge aus als drei Seiten Text. Auch die Bereiche der mathemati-
schen Darstellungen und der Spiele stehen uns jetzt offen.

Besser geht's mit Prozeduren

In diesem Kapitel beschäftigen wir uns ausführlich mit Unterprogrammen, sogenannten Prozeduren. In vorhergehenden Kapiteln haben wir einfache Prozeduren schon vereinzelt verwendet, um uns die Arbeit zu erleichtern oder das Programm übersichtlicher zu gestalten.

Allerdings handelte es sich nur um einfache Prozeduren ohne Variablenübergabe. Nun werden wir lernen, wie man elegant und vielfältig Prozeduren einsetzt, um zu einem übersichtlichen und systematischen Programmierstil zu kommen.

Die in Turbo Pascal verwendbaren Standardprozeduren finden sich im Anhang.

Nach dem Lesen dieses Kapitels

– kennen wir die Struktur und Syntax von Prozeduren.
– können wir lokale und globale Variablen unterscheiden.
– kennen wir die Rangfolge gleichnamiger Variablen.
– können wir Prozeduren mit Variablenübergaben benutzen.
– wissen wir den Unterschied zwischen der Variablenübergabe "call-by-value" und "call-by-variable".
– wissen wir, was man unter systematischem Programmieren versteht.

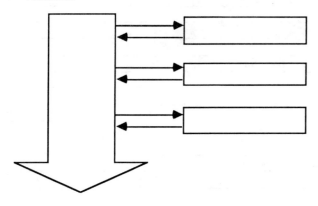

9.1 Wenn wir das Dreieck immer wieder zeichnen wollen. Prozeduren und Prozedurkonzept

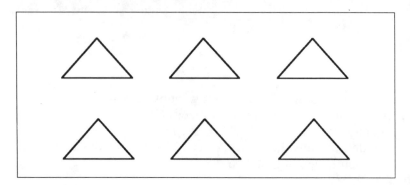

Es sollen sechs identische Dreiecke auf dem Bildschirm verteilt werden.

Planung:

Blockdiagramm

Programm DREIECK
Benutzt Turtlegrafik
Konstante Seite = 50
Variable I : ganze Zahl
Anfang
RAHMEN
Bewege nach (–135,–80)
FIGUR
Bewege nach (–25,–80)
FIGUR
Bewege nach (–85,–80)
FIGUR
Bewege nach (–135,0)
FIGUR
Bewege nach (–25,0)
FIGUR
Bewege nach (85,0)
FIGUR
Warte auf Return-Taste
Ende.

Prozeduren

Dazu müssen wir an die entsprechenden Anfangskoordinaten gehen und jeweils ein Dreieck zeichnen. Zum Zeichnen eines Dreiecks verwenden wir eine Prozedur, da die dazu verwendete Folge von Anweisungen immer gleich ist. Außerdem verwenden wir eine Prozedur RAHMEN, die einen Rahmen um das Bild zeichnet.

Dabei sind die Anweisungen RAHMEN und FIGUR sicher keine Pascal-Befehle. Vielmehr handelt es sich um die Prozeduren mit Namen RAHMEN und FIGUR.

Die Prozedur FIGUR wird vom Hauptprogramm sechsmal aufgerufen, nachdem der Turtle an die entsprechende Bildschirmposition gebracht wurde. Bei unserer Planung tun wir so, als gäbe es die Prozeduren schon. In Wirklichkeit müssen wir sie erst schaffen:

Planung einer Prozedur

Prozedur FIGUR	
Anfang	
Farbe an	
zähle I von 1 bis 3 und tue	
	Bewege um Seite
	Drehe um 120 Grad
keine Farbe	
Ende.	

Aufgabe: Planen Sie die Prozedur RAHMEN.

Das Programm mit Prozeduren:

Programm mit Prozeduren

```
PROGRAM Dreieck;

 {$I Graph.p}

 CONST Seite = 50;
 VAR I : INTEGER;

 PROCEDURE Rahmen;
  BEGIN
   SetPosition (-159,-99);
```

```
      PenDown;
      Forwd (320); TurnLeft (90);
      Forwd (200); TurnLeft (90);
      Forwd (320); TurnLeft (90);
      Forwd (200); TurnLeft (90)
     END; { von Rahmen }

    PROCEDURE Figur;
     BEGIN
      PenDown;
      FOR I:=1 TO 3 DO BEGIN
      Forwd (Seite);
      TurnLeft (120)
      END;
      PenUp
     END; { von Figur }

    BEGIN { Hauptprogramm }
     Home;
     SetHeading (90);
     Rahmen;
     SetPosition (-135,-80);
     Figur;
     SetPosition (-25,-80);
     Figur;
     SetPosition (85,-80);
     Figur;
     SetPosition (-135,0);
     Figur;
     SetPosition (-25,0);
     Figur;
     SetPosition (85,0);
     Figur;
     READLN
    END.
```

Wir haben es hier vorerst mit einer sehr einfachen Art der Prozedur zu tun. Unsere Prozeduren besitzen nur die Variablen und Konstanten, die im Hauptprogramm definiert sind.

globale Variablen Variablen und Konstanten des Hauptprogramms sind also im Hauptprogramm *und* in den Prozeduren gültig.

Wir nennen sie *globale* Variablen.

In diesem Paragraphen wollen wir es erst einmal bei dieser einfachen Prozedurart belassen. Hier soll Grundsätzliches über

Prozeduren geklärt werden, bevor wir andere Prozedurarten
erarbeiten.

Wir können in Pascal mehrere Prozeduren verwenden und
durch Aufruf des Prozedurnamens abarbeiten lassen.

*mehrere
Prozeduren*

Es kann auch von einer Prozedur aus eine andere Prozedur aufgerufen werden. Dazu gibt es aber eine sehr wichtige Vorschrift: Die aufgerufene Prozedur muß im Programmtext *vor*
der aufrufenden Prozedur geschrieben werden.

*Reihenfolge des
Aufrufs*

Beispiel:

Beispiel

```
PROGRAM Na_so_was;

 PROCEDURE Falsch; { Die ist wirklich falsch }
  BEGIN
   Hallo      { Hallo existiert hier noch nicht }
  END;

 PROCEDURE Hallo;
  BEGIN
   WRITELN ('Hallo!')
  END;

 PROCEDURE Richtig; { Die ist aber richtig }
  BEGIN
   Hallo             { Hallo existiert schon }
  END;

 BEGIN { Hauptprogramm }
  Falsch;
  Hallo;
  Richtig;
  Hallo
 END.
```

Prozeduren können geschachtelt werden:

*Schachtelung von
Prozeduren*

```
PROGRAM Schachtel;

 PROCEDURE Text;
  PROCEDURE Linie;
```

```
VAR I : INTEGER;
BEGIN
 FOR I:=1 TO 40 DO WRITE ('-');
 WRITELN
END; { von Linie }

BEGIN { von Text }
 Linie;
 WRITELN ('Dies ist ein Test ');
 Linie
END; { von Text }

BEGIN    {Hauptprogramm}
 Text
END.
```

Bemerkungen

Jedes Programm kann durch leichte Veränderungen zu einer Prozedur gemacht und in anderen Programmen verwendet werden.

Häufig verwendete Prozeduren sollte man sich als gesonderte Text-Files abspeichern und mit dem EDITOR-Befehl Ctrl-K Ctrl-R für "Block von Diskette lesen" in das zu schreibende Programm hineinkopieren.

Definition Prozedur

Allgemeines zu Prozeduren:

– Eine Prozedur ist ein Unterprogramm (Teilprogramm), das durch Nennung des Prozedurnamens aufgerufen wird.
– Variablen des Hauptprogramms (globale Variablen) sind auch in Prozeduren gültig.
– Eine Prozedur kann eine andere aufrufen. Dabei gilt: Die aufgerufene Prozedur muß vor der aufrufenden im Programmtext stehen.
– Prozeduren können geschachtelt werden.

Verlassen einer Prozedur

Hinweis: Prozeduren können mit der Anweisung

     EXIT;

verlassen werden. Mit dieser Anweisung wird die Prozedur vorzeitig beendet, und das Programm springt zu der Stelle zurück, von der aus die Prozedur aufgerufen wurde.

Wir wollen diese Anweisung aber im Sinne einer systematischen Programmierung möglichst vermeiden (so wie Sprünge mit GOTO in diesem Buch erst gar nicht auftreten).

Übungen:

9.1.1 Schreiben Sie eine Prozedur "Lies", die ein Wort von der Tastatur ohne Drücken der <Return>-Taste einliest und als Wort dreimal hintereinander ausgibt.

9.1.2 Schreiben Sie das Programm "Bruchrechnen" aus Kap. 7.2 unter Benutzung von Prozeduren um.

9.2 Prozeduren können ihre eigenen Variablen haben

Wir können Prozeduren einen eigenen Deklarationsteil mitgeben, in dem nur für die entsprechende Prozedur gültige Konstanten und Variablen erklärt werden. Der Prozedurkopf ist also sehr ähnlich zu gestalten wie der Programmkopf.

Deklarationsteil einer Prozedur

159

```
        PROCEDURE name;
          CONST ...;
          VAR   ...;

          BEGIN
            ...
          END;
```

lokal/global → Variablen und Konstanten, die in einer Prozedur deklariert werden, nennt man *lokal* (im Gegensatz zu den globalen Variablen und Konstanten des Hauptprogramms).

Gültigkeit → Lokale Variablen und Konstanten können *nur* in der Prozedur verwendet werden, in der sie definiert sind. In anderen Prozeduren und im Hauptprogramm sind sie folglich nicht zu verwenden.

Schachtelung → Bei geschachtelten Prozeduren gilt: Die Variablen der äußeren Prozedur sind global zu denen der inneren Prozedur, und die Variablen der inneren Prozedur sind lokal.

Konflikte (gleiche Namen) → Konflikte: Lokale Variablen können sogar die gleichen Namen haben wie globale Variablen. In diesem Fall wird die Variable in der Prozedur verändert, die in der Prozedur lokal definiert ist. D.h. die globale Variable mit gleichem Namen bleibt unverändert.

Schleifen → Schleifenvariablen in FOR-Schleifen sollten (in vielen Pascal-Versionen: müssen) lokale Variablen sein.

Aufgabe (Datum) Wir wollen nun ein kleines Beispielprogramm planen und ausführen. Aufgabe des Programms: Nach der Eingabe eines Datums ermittelt das Programm, um welchen Wochentag es sich bei diesem Datum handelt. Außerdem: Ein Freitag der 13. wird besonders erwähnt.

Lösungshilfen Zur Lösung des Problems existiert ein (hier nicht weiter vertiefter) Algorithmus: Dabei sind T, M und J die ganzen Zahlen, die dem Tag, Monat und Jahr entsprechen.

Wenn der Monat größer als 2 (Februar) ist, so wird um 2 vermindert, andernfalls wird M um 10 erhöht und J um 1 vermindert. Dann werden (um die Formel nicht zu gewaltig werden zu lassen) ganzzahlige Hilfsgrößen X, Y und Z berechnet:

```
X=J mod 100
Z=J div 100
Y=(13*M-1) div 5 + X div 4 + Z div 4
```

Daraus läßt sich die Nummer des Wochentages berechnen mit:

```
Tagnummer=(X+Y+T-2*Z) mod 7
```

Das Datum besteht aus den Teilen: Tag, Monat, Jahr.

Programm DATUM		
Variablen Tag, Monat, Jahr, Tagnummer: ganze Zahl		
Frage: Zeichen		
Anfang		
Wiederhole		
	Bildschirm löschen	
	Eingabe	
	Berechne	
	Ausgabe	
	Frage nach weiterer Berechnung	
bis Frage = 'N' oder Frage = 'n'		
Ende.		

Blockdiagramm
Hauptprogramm

Aufgabe: Planen Sie die Prozedur Eingabe!
Achten Sie darauf, daß die Eingabe gültig sein muß. Das Datum muß in dem vorgegebenen Bereich liegen, bestimmte Monate haben 28 (29), 30 oder 31 Tage.

Prozedur BERECHNE	
Variablen variablen x, y, z ganze Zahlen	
Anfang	
ja wenn Monat < 2 nein	

Blockdiagramm
Prozedur
BERECHNE

(Fortsetzung des Bockdiagramms)

Monat:=Monat–2	Monat:=Monat+10 Jahr:=Jahr–1
x:=Jahr MOD 100	
z:=Jahr DIV 100	
y:=(13*Monat–1) DIV 5+X DIV 4+Z DIV 4	
Tagnummer:=(x+y+Tag–2*Z) MOD 7	
Ende;	

Aufgabe: Planen Sie die Prozedur Ausgabe!

Das Programm:

Programm

```
PROGRAM Datum;

VAR Tag,Monat,Jahr,Tagnummer : INTEGER;
    Frage : CHAR;

PROCEDURE Eingabe;

 VAR Februar : INTEGER;
     Erfolg : BOOLEAN;

 BEGIN
  WRITELN ('Das Programm ermittelt zu einem beliebigen Datum');
  WRITELN ('den dazugehoerigen Wochentag.');
  WRITELN ('Geben Sie bitte das Datum ein:');
  WRITELN;
  Erfolg := TRUE;
  REPEAT
   IF NOT Erfolg THEN WRITELN ('Falsche Eingabe! Neu eingeben:');
   WRITE ('Geben Sie den Tag ein:');
   READLN (Tag);
   WRITE ('geben Sie den Monat ein:');
   READLN (Monat);
   WRITE ('Geben Sie das Jahr ein:');
   READLN (Jahr);
   IF Jahr<100 THEN Jahr:=1900+Jahr; { fuer Schreibfaule }
   IF (Jahr<1701) OR (Jahr>2099) THEN Erfolg := FALSE;
                               { nicht im Bereich }
   IF Monat>12 THEN Erfolg := FALSE; { Monat zu gross }
   IF (Jahr MOD 4 =0) THEN Februar:=29 ELSE Februar:=28;
                  { Schaltjahr }
   IF (Jahr MOD 100 =0) THEN Februar:=28; { kein Schaltjahr }
   IF (Jahr MOD 400 =0) THEN Februar:=29; { Schaltjahr }
   IF Tag>31 THEN Erfolg := FALSE; { Tag zu gross }
   CASE Monat OF
     2 : Erfolg:=(Tag<=Februar);
     4 : Erfolg:=(Tag<=30);
```

```
       6 : Erfolg:=(Tag<=30);
       9 : Erfolg:=(Tag<=30);
      11 : Erfolg:=(Tag<=30)
     END; { von Case }
   UNTIL Erfolg
 END; { von Eingabe }


 PROCEDURE Berechne;
  VAR X,Y,Z : INTEGER;


  BEGIN
   IF Monat>2 THEN Monat:=Monat-2
          ELSE BEGIN
             Monat:=Monat+10;
             Jahr:=Jahr-1
          END; { Else }
   X:=Jahr MOD 100;
   Z:=Jahr DIV 100;
   Y:=(13*Monat-1) DIV 5 + X DIV 4 + Z DIV 4;
   Tagnummer:=(X+Y+Tag-2*Z) MOD 7
 END; { Berechne }


 PROCEDURE Ausgabe;


  BEGIN
   ClrScr;
   WRITELN;WRITELN;WRITELN;
   IF (Tagnummer=5) AND (Tag=13) THEN BEGIN
     WRITELN ('An Ihrer Stelle wuerde ich mich vorsehen, denn');
     WRITELN ('der 13.',Monat,'.',Jahr,' ist ein Freitag.')
   END
   ELSE BEGIN
     WRITE ('Der ',Tag,'.',Monat,'.',Jahr,' ist ein ');
     CASE Tagnummer OF
       0 : WRITELN ('Sonntag');
       1 : WRITELN ('Montag');
       2 : WRITELN ('Dienstag');
       3 : WRITELN ('Mittwoch');
       4 : WRITELN ('Donnerstag');
       5 : WRITELN ('Freitag');
       6 : WRITELN ('Samstag')
     END { von Case }
   END { von Else }
 END; { von Ausgabe }


BEGIN  { Hauptprogramm }
 REPEAT
  ClrScr;
  Eingabe;
  Berechne;
  Ausgabe;
  WRITELN;
  WRITE ('Wuenschen Sie eine erneute Berechnung (J/N)? ');
  READ(Frage)
 UNTIL (Frage = 'N') OR (Frage = 'n')
END.
```

Prozeduren mit Konstanten und Variablendeklaration

```
Procedure name;
    CONST ...;
    VAR   ...;
    BEGIN
    ...
    END;
```

Konstanten und Variablen, die in einer Prozedur deklariert sind, heißen lokal und sind nur in der Prozedur gültig. Konstanten und Variablen, die im Hauptprogramm (Programmkopf) deklariert sind, heißen global und sind überall gültig.

Lokale und globale Variablen und Konstanten können gleiche Namen haben. Im Konfliktfall haben lokale Variablen und Konstanten den Vorrang.

Übung:

9.2.1 Schreiben Sie ein Grafikprogramm mit Prozeduren (und darin enthaltenen lokalen Variablen), das fest vorgegebene Funktionen (z.b. SIN, COS, TAN) in einzulesenden Grenzen zeichnet.

Es soll ein Achsenkreuz gezeichnet und die Teilung der Achsen vom Programm optimiert werden.

9.3 Übergabe von Werten an Prozeduren

Transport-
probleme

Wir haben schon des öfteren Prozeduren gehabt, die mit Variablen des Hauptprogramms arbeiten (mit sogenannten globalen Variablen). Solche Prozeduren sind schlecht zu transportieren. Da man wissen muß, wie die globalen Varaiablen heißen, läßt sich eine solche Prozedur nicht ohne weiteres in einem beliebigen anderen Programm verwenden. Dies ist aber häufig erwünscht, damit häufig gebrauchte Prozeduren (Standardprozeduren) nicht immer wieder geschrieben werden müssen.

Auch an dieser Stelle läßt uns Pascal nicht allein und bietet eine Möglichkeit der Werteübergabe an eine Prozedur. Dazu wird hinter dem Prozedurnamen eine Liste der Parameter aufgeschrieben, die an die Prozedur übergeben werden können und dann auch müssen.

Beispiel

```
PROCEDURE name (a,b : INTEGER; c : CHAR);
CONST...;
VAR   ...;
BEGIN
   ...
END;
```

In diesem Beispiel werden der Prozedur drei Werte (values) übergeben, nämlich a, b und c, wobei die ersten beiden vom Typ INTEGER und der dritte vom Typ CHAR sein muß.

Die Prozedur könnte dann in folgenden Versionen aufgerufen werden:

richtiger Aufruf

```
x:=5;
y:=8;
z:='g';

name(x,y,z);
name(7,9,'e');
name(y,5,'u');
```

Wichtig ist nur zu wissen, daß die so definierte Prozedur name drei Werte bestimmten Typs und bestimmter Reihenfolge braucht. Die Namen der Variablen (a, b, c) tauchen beim Prozeduraufruf überhaupt nicht auf.

Ein falscher Aufruf wäre allerdings:

falscher Aufruf

```
name('u',y,5);
```

denn der erste und der dritte Wert stimmen nicht mit den in der Prozedur definierten Typen überein.

Allgemein hat der Kopf einer Prozedur mit Werteübergabe an die Prozedur folgende Form:

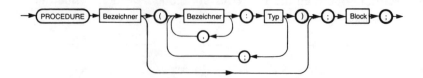

Call-by-value → Diese Art der Variablenübergabe nennt man call-by-value, da die Prozedur mit einem Wert (value) aufgerufen wird.

Keine Änderung der Variablen → *Achtung:* Wenn beim Prozeduraufruf eine Variable verwendet wird, so wird ihr Wert durch die Prozedur nicht verändert.

Dazu ein Beispiel:

Beispiel

```
PROGRAM call_by_value;

VAR a : INTEGER;

PROCEDURE Test ( x : INTEGER );
 BEGIN
  x := x * 2;
  WRITELN (x)
 END;

BEGIN { Hauptprogramm }
 a := 7;
 WRITELN (a);
 Test (3);
 Test (a);
 WRITELN (a)
END.
```

Analyse Dieses Programm schreibt die Werte 7, 6, 14 und 7 untereinander. Warum?

Zuerst wird der Variablen a der Wert 7 zugeordnet, der ausgegeben wird. Der Aufruf der Prozedur Test mit dem Wert 3 be-

wirkt, daß das Doppelte von 3 geschrieben wird. Danach wird
Test mit dem Wert a (der ja 7 enthält) aufgerufen und das Doppelte von 7 ausgegeben. Da eine Prozedur mit der Werteübergabe (call-by-value) die Variablen des Hauptprogramms nicht
ändert, hat a weiterhin den Wert 7. Daher wird diese 7 zuletzt
ausgegeben.

Frage: Was ändert sich in der Ausgabe des Programms, wenn
wir die Variable x der Prozedur in a umbenennen?
Antwort: Nichts! (Siehe Kap. 9.2.)

Nun noch ein weiteres Beispiel für ein Programm mit call-by-value-Prozeduren.

Das folgende Programm soll nach der Eingabe des Nettopreises   *Aufgabe*
und des Gewichtes einer Ware den Gesamtpreis der Ware be-   *(Warenpreis)*
rechnen und die Berechnung in einer Tabelle darstellen.

Zum Nettopreis kommen noch 14 % Mehrwertsteuer, ein nach
Gewicht gestaffelter Verpackungspreis und, ebenfalls nach Gewicht gestaffelt, das Porto.

Programm

```
PROGRAM Warenpreis;

 VAR Preis, Gewicht : REAL;
     Laenge : INTEGER;
     Frage : CHAR;

PROCEDURE Linie ( l : INTEGER ; Doppel : BOOLEAN);
  VAR i : INTEGER;
      ch : CHAR;
  BEGIN
   IF Doppel THEN ch := '=' ELSE ch := '-';
   FOR i := 1 TO l DO WRITE (ch);
   WRITELN
  END; { von Linie }

 PROCEDURE Tabelle (Netto, Gewicht : REAL);
  CONST MW    = 14;
        Pausch = 15;
  VAR Steuer, Brutto, Verpa, Porto, Gesamt : REAL;
      Doppel : BOOLEAN;
  BEGIN
   Steuer := Netto * MW / 100;
```

```
      Brutto := Netto + Steuer;
      IF Gewicht<=5 THEN
       BEGIN
         Verpa:=1.50;
         Porto:=4.40
        END ELSE IF Gewicht<=8 THEN
         BEGIN
           Verpa:=2.50;
           Porto:=6.20
          END ELSE IF Gewicht<=12 THEN
           BEGIN
             Verpa:=5.50;
             Porto:=8.60
            END ELSE
             BEGIN
               Verpa:=Pausch;
               Porto:=Pausch
              END;
      Gesamt := Brutto + Verpa + Porto;
      WRITELN ('Nettopreis der Ware ',Netto:7:2,' DM');
      WRITELN ('dazu ',MW:2,'% MWSt.        ',Steuer:7:2,' DM');
      Linie (30,FALSE);
      WRITELN ('Bruttopreis d. Ware ',Brutto:7:2,' DM');
      Linie (30,TRUE);
      WRITELN ('Gewicht             ',Gewicht:7:2,' kg');
      Linie (30,FALSE);
      WRITELN ('Verpackung          ',Verpa:7:2,' DM');
      WRITELN ('Porto               ',Porto:7:2,' DM');
      Linie (30,FALSE);
      WRITELN ('Gesamtpreis:        ',Gesamt:7:2,' DM');
      Linie (30,TRUE)
     END;   { von Tabelle }


  BEGIN { Hauptprogramm }
   REPEAT
    ClrScr;
    WRITE ('Eingabe des Nettopreises in DM: ');
    READLN (Preis);
    WRITE ('Eingabe des Gewichts in kg    : ');
    READLN (Gewicht);
    Tabelle (Preis, Gewicht);
    WRITELN;
    WRITE ('Eine weitere Tabelle (J/N) ? ');
    READ (Frage)
   UNTIL (Frage='N') OR (Frage='n')
  END.
```

Ergebnis   Bei einer Eingabe von 15.5 als Preis und 10 als Gewicht ergibt das Programm folgende Ausgabe:

```
        Nettopreis der Ware    15.50 DM
  dazu 14% MWSt.                2.17 DM
  -----------------------------------
  Bruttopreis d. Ware          17.67 DM
  ===================================
  Gewicht                      10.00 kg
  -----------------------------------
  Verpackung                    5.50 DM
  Porto                         8.60 DM
  -----------------------------------
  Gesamtpreis:                 31.77 DM
```

Definition
Prozedur vom
Typ call-by-value

Prozedur mit Variablenübergabe vom Typ call-by-value

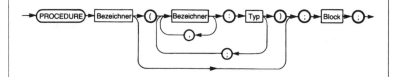

Der Prozeduraufruf erfolgt durch Nennung des Namens der Prozedur, gefolgt von den zu übergebenden Werten in einer Klammer. Die Reihenfolge und die Datentypen der zu übergebenden Werte müssen mit denen im Prozedurkopf übereinstimmen. Wenn die übergebenen Werte Variablen sind, so werden sie von der Prozedur nicht verändert (sie sind lokal).

Die Liste der zu übergebenden Variablen wird Parameterliste genannt.

Übungen:

9.3.1 Schreiben Sie das Programm "Warenpreis" so um, daß kaufmännisch gerundet wird.

9.3.2 Welcher Unterschied besteht zwischen den Variablen der Parameterliste und denen des Deklarationsteils einer Prozedur?

9.3.3 Wie viele Werte müssen einer Prozedur bei ihrem Aufruf mitgegeben werden?

9.3.4   Schreiben Sie eine Prozedur "Bruchausgabe", die einen Bruch, der durch Zähler und Nenner gegeben ist, in folgender Form ausgibt:

$$\frac{15}{7}$$

9.4 Übergabe von Variablen an Prozeduren

call-by-variable

Als letzte und komfortabelste Art der Parameterübergabe zwischen Prozeduren und Programm werden wir die Variablenübergabe vom Typ call-by-variable kennenlernen.

Bei dieser Art der Übergabe werden Variablen an die Prozedur übergeben, die nach Durchlaufen der Prozedur verändert wieder zurückgegeben werden. Oft liest man in der Literatur auch *call-by-reference* den Ausdruck call-by-reference für diese Art der Übergabe.

Form

```
PROCEDURE name (VAR a,b : INTEGER; VAR c : CHAR);
    CONST ...;
    VAR   ...;

    BEGIN
    ...
    END;
```

Unterschied

Der Unterschied zu call-by-value liegt in dieser Prozedur darin, daß das reservierte Wort VAR vor denjenigen Variablen steht, die nach Durchlaufen der Prozedur verändert wieder zurückgegeben werden.

Wir wollen uns den Unterschied an einem kleinen Programm klarmachen:

Programm

```
PROGRAM Unterschied;

    VAR x : INTEGER;

    PROCEDURE Aenderenichts (a : INTEGER);
```

```
  BEGIN
    a := a * 2;
    WRITELN (a)
  END;


  PROCEDURE Aenderewas (VAR a : INTEGER);
  BEGIN
    a := a * 2;
    WRITELN (a)
  END;


  BEGIN { Hauptprogramm }
    x := 5;
    WRITELN (x);
    Aenderenichts (x);
    WRITELN (x);
    Aenderewas (x);
    WRITELN (x)
  END.
```

Das Programm gibt folgende Zahlenreihe aus: *Ergebnis*

              5
             10
              5
             10
             10

Warum?

  5 : x hat den Wert 5 bekommen, der mit WRITELN (x)   *Analyse*
       ausgegeben wird.

 10 : Der Wert von x wird an die Prozedur Aenderenichts
       übergeben, hier mit 2 multipliziert und mit WRI-
       TELN (a) ausgegeben.

  5 : Nach Durchlaufen der Prozedur hat sich die Variable
       x nicht geändert. Mit WRITELN (x) wird sie geschrie-
       ben.

 10 : Die Variable x wird der Prozedur Aenderewas über-
       geben, hier verdoppelt, mit WRITELN (a) ausgegeben
       und der Wert von a im Hauptprogramm der Variablen
       x wieder zurückgegeben.

171

10 : Nun hat x also den Wert 10, der mit WRITELN (x) ausgegeben wird.

Fehlerquelle

Fehlerquelle: Folgender Aufruf der Prozedur Aenderewas wäre völlig falsch:

```
Aenderewas (5);
```

Denn der Prozedur muß eine Variable (call-by-variable) übergeben werden, damit der Wert dieser Variablen nach Durchlaufen der Prozedur verändert werden kann. Bei der Konstanten 5 wäre dies nicht möglich.

Mischform

Natürlich lassen sich auch Mischformen von Prozeduren erstellen:

```
PROCEDURE Zeichne (Laenge : INTEGER;
VAR Winkel : INTEGER);
  BEGIN
    Forwd (Laenge);
    TurnLeft (Winkel);
    Winkel := Winkel + 5
  END;
```

gültige Prozeduraufrufe

Seien L und W Variablen vom Typ INTEGER. Dann sind folgende Prozeduraufrufe korrekt:

```
L := 10;
W := 90;

Zeichne (L,W);        { danach ist W=95 }

Zeichne (10,W);
```

ungültige Prozeduraufrufe

Falsch ist hingegen

```
Zeichne (10,90);
```

da der zweite Parameter in der Prozedur als Variable erklärt ist, während der erste ein Wert ist.

Folgendes Programm soll uns den Gebrauch von Variablenübergaben an Prozeduren und zurück verdeutlichen:

Programm

```
PROGRAM Wenigerleer;

 VAR Satz : STRING[80];
     Altleer, Neuleer : INTEGER;

 PROCEDURE Eingabe (VAR S : STRING[80]);
  BEGIN
   WRITELN ('Geben Sie einen Satz ein,');
   WRITELN ('der von ueberfluessigen Leerstellen');
   WRITELN ('befreit werden soll.');
   READLN (S)
  END; { von Eingabe }

 PROCEDURE Leerraus (VAR S : STRING);
  VAR i, Ende : INTEGER;
  BEGIN
   Ende := LENGTH(S);
   i := 1;
   WHILE i < Ende DO BEGIN
   IF (S[i]=' ') AND (S[i+1]=' ') THEN
    BEGIN
     DELETE (S,i+1,1);
     Ende := Ende - 1
    END { von IF }
    ELSE i := i+1    END { von WHILE }
  END; { von Leerraus }


 PROCEDURE Zaehle (S : STRING[80]; VAR L : INTEGER);
  VAR i : INTEGER;
  BEGIN
   L := 1;
   FOR i:=1 TO LENGTH(S) DO IF S[i]=' ' THEN L:=L+1
  END; { von Zaehle }


 PROCEDURE Ausgabe (S : STRING[80]; A, N : INTEGER);
  BEGIN
   WRITELN ('Der bereinigte Satz ist:');
   WRITELN (S);
   WRITELN ('Vorher enthielt er ', A:2, ' Leerstellen');
   WRITELN ('nachher ', N:2, ' Leerstellen.')
  END; { von Ausgabe }


 BEGIN { Hauptprogramm }
  Eingabe (Satz);
  Zaehle (Satz, Altleer);
  Leerraus (Satz);
  Zaehle (Satz, Neuleer);
  Ausgabe (Satz, Altleer, Neuleer)
 END.
```

Aufgabe: Welche Funktion hat das Programm Wenigerleer? Welche Prozeduren sind vom Typ call-by-variable und welche vom Typ call-by-value?

*Definition Proze-
dur vom Typ
call-by-variable*

Prozeduren mit Variablenübergabe (call-by-variable) (oder call-by-reference)

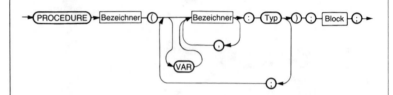

Dieses Syntaxdiagramm ist auch für andere Prozeduren allgemein gültig, denn man kann die nicht benötigten Teile weglassen. Variablennamen, die durch das reservierte Wort VAR in der Klammer hinter dem Prozedurnamen aufgeführt werden, sind Variablen, die der Prozedur übergeben werden und nach Durchlaufen der Prozedur der entsprechenden Variablen verändert zurückgegeben werden.

*Standard-
prozeduren*

Hinweis: Standardprozeduren siehe Anhang!

Merke:

Hinweise

Zum Unterschied zwischen den beiden Parameterübergabearten ist noch als wichtige Tatsache zu vermerken:

call-by-value

→ bei der Werteübergabe (call-by-value) werden neue lokale Variablen zu Prozedurbeginn angelegt, die nach Prozedurende "vergessen" sind.

call-by-variable

→ bei der Variablenübergabe (call-by-variable) erhalten die übergebenen Variablen in der Prozedur nur neue Namen, es handelt sich jedoch weiterhin um dieselben Variablen.

Seiteneffekt

Dies führt gerade bei Variablenübergaben zu sogenannten *Seiteneffekten*, wenn sowohl die Variablennamen der Parameterliste als auch die globalen Variablennamen derselben Variablen benutzt werden (siehe auch Aufg. 9.4.3).

Übungen:

9.4.1 Welche Pfade im Syntaxdiagramm müssen durchlaufen
werden, um eine einfache Prozedur aus Kap. 9.1 zu beschreiben?

9.4.2
```
PROGRAM Demo;
VAR Global : INTEGER;

   PROCEDURE Wert (Lokal : INTEGER);
     BEGIN
        Global := 3;
        Lokal := Lokal + 2;
        Lokal := Lokal + Global
     END;
BEGIN { Hauptprogramm }
   Global := 0;
   Wert (Global);
   WRITELN (Global:3)
END.
```
Welches Ergebnis wird ausgegeben?

9.4.3 Ändern Sie den Prozedurkopf von 9.4.2 in

```
Wert (VAR Lokal : INTEGER);
```

und geben Sie an, welches Ergebnis nun ausgegeben
wird.

9.4.4 Schreiben Sie eine Prozedur, die bei der Übergabe einer
beliebigen Dezimalzahl und eines Operators vom Typ
CHAR dafür sorgt, daß die Zahl abhängig vom Operator
nach der zweiten Dezimalstelle abgeschnitten oder gerundet wird.

9.4.5 Schreiben Sie eine Prozedur, die bei der Übergabe einer
ganzen Zahl (INTEGER) deren Fakultät (INTEGER)
ausgibt. Testen Sie die Prozedur in einem entsprechenden
Programm.

9.5 Zusammenfassung

Nachdem wir nun Unterprogramme (Prozeduren) kennengelernt haben und die verschiedenen Arten der Variablenüber-

175

gabe beherrschen, fängt eigentlich erst das strukturierte Programmieren richtig an. Wir können nun Teile von geplanten Programmen für sich testen und später in ein übergeordnetes Programm als Prozedur einfügen. Da wir bei unseren Prozeduren frei in der Namensgebung der Variablen sind, können mehrere Leute an ein und demselben Programm (Teamwork) arbeiten, indem einzelne Gruppen einzelne Programmteile als Prozeduren erstellen. Die Gruppen sind recht unabhängig voneinander. Man muß sich vorher allerdings darüber verständigen, wie viele Variablen von welchen Datentypen und in welcher Reihenfolge die Prozeduren austauschen, und die Schnittstellen zwischen den Prozeduren klären, d.h. erklären, welchen Eingangs- und welchen Ausgangszustand die Prozedur erwartet.

Außerdem können wir nun in der sogenannten Top-Down-Methode programmieren. Dies bedeutet, daß man das Problem von oben herab, d.h. von seinen wesentlichen Teilproblemen her grob strukturiert (in Prozeduren zerlegt), um es dann zu verfeinern und in weiteren Stufen zur Lösung zu führen.

Funktionen

In diesem Kapitel wollen wir uns mit Funktionen beschäftigen. Dies sind den Prozeduren recht ähnliche Konstruktionen, die sich jedoch von den Prozeduren darin unterscheiden, daß sie genau einen Wert als Ergebnis haben; d.h. wir rufen eine Funktion mit oder ohne Variablenübergabe auf und erhalten einen Wert zugewiesen. Da es erfahrungsgemäß im Umgang mit Prozeduren und Funktionen oft zu Verwechslungen und daraus resultierenden Fehlern kommt, werden wir uns besonders mit den Unterschieden zwischen beiden Konstruktionen auseinandersetzen.

Die in Turbo Pascal verwendbaren Standardfunktionen finden sich im Anhang.

Nach dem Lesen dieses Kapitels

- kennen wir die Struktur und Syntax von Funktionen.
- wissen wir, wann man Prozeduren und wann Funktionen verwendet.
- kennen wir den Unterschied zwischen Prozeduren und Funktionen.

$$f(x)=x^2+ax+b$$

10.1 Unterschied Funktion – Prozedur

```
SIN (x)
Forwd (l)
Home
XCor
```

```
GotoXY (x,y)
SQRT (x)
Heading
WRITELN
WRITELN (x)
COS (x)
```

Zwei Gruppen

Wie können wir die oben aufgeführten Anweisungen in zwei Gruppen aufteilen?

Dazu überlegen wir uns, wie die Anweisungen im Programm aufgerufen, d.h. verwendet werden (bei Unklarheiten blättern Sie einige Kapitel zurück).

So ist es z.B. nicht möglich, einfach

```
SIN (x);
```

als Programmzeile zu schreiben. Vielmehr muß der Wert des Sinus einer Variablen zugeordnet werden. Daher können wir schreiben:

```
y := SIN (x);
```

Andererseits dürfen wir einfach

```
WRITELN;
```

als Programmzeile schreiben.

Wertzuweisung

Wenn wir die oben aufgeführten Anweisungen danach untersuchen, ob sie alleine oder im Zusammenhang mit einer Wertzuweisung zu benutzen sind, dann ergeben sich folgende Gruppen:

Gruppe 1:	Gruppe 2:
`SIN (x)`	`Forwd (l)`
`XCor`	`Home`
`SQRT (x)`	`GotoXY (x,y)`
`Heading`	`WRITELN`
`COS (x)`	`WRITELN (x)`

Anweisungen der Gruppe 1 haben immer ein Ergebnis, das z.B. einer Variablen zugeordnet oder ausgegeben werden kann.

Diese Anweisungen werden FUNKTIONEN genannt.   *Funktionen*

SIN (x)	hat den Sinus von x als Datentyp REAL zum Ergebnis.
XCor	hat die aktuelle X-Koordinate des Turtles als Ergebnis vom Datentyp INTEGER.
SQRT (x)	hat die zweite Wurzel von x als Datentyp REAL zum Ergebnis.
Heading	hat den aktuellen Winkel des Turtles als Datentyp INTEGER zum Ergebnis.
COS (x)	hat den Cosinus von x als Datentyp REAL zum Ergebnis.

Anweisungen der Gruppe 2 stehen für sich alleine.

Diese Anweisungen werden PROZEDUREN genannt.   *Prozeduren*

Forwd (l)	bewegt den Turtle um l weiter.
Home	setzt Turtle auf Ausgangsposition (Bildschirmmitte).
GotoXY (x,y)	bringt den Cursor an die Stelle (x,y) des Textbildsschirms.
WRITELN	schreibt einen Zeilenvorschub.
WRITELN (x)	schreibt die Variable x mit einem Zeilenvorschub.

Sowohl Funktionen als auch Prozeduren führen irgendwelche Anweisungen aus. Beiden können Variablen mitgegeben werden.

Funktionen jedoch haben nach der Ausführung der Anweisungen genau einen Wert, der einer Variablen zugewiesen oder ausgegeben werden kann.

Beispiel

```
FUNCTION name (x : REAL) : INTEGER;
     CONST...;
     VAR  ...;
     BEGIN
       ...
       name := ...;
       ...
     END;
```

Die Funktion name bekommt einen Wert vom Datentyp REAL mitgegeben und hat nach Ausführung ein Ergebnis vom Datentyp INTEGER. Im Anweisungsteil wird dem Funktionsnamen ein Funktionswert zugewiesen.

Diesen Wert repräsentiert die Funktion von nun an, wenn sie mit ihrem Namen (und entsprechenden Parametern) aufgerufen wird.

Mit einer Variablen a vom Typ INTEGER könnte der Funktionsaufruf z.B. so aussehen:

```
a := name (4.2);
```

oder

```
WRITELN (name(4.2):3);
```

Achtung: Rechts vom Zuweisungszeichen *muß* die Funktion mit Parametern aufgerufen werden (sofern sie welche hat).

Zuweisungs-
beispiele

name := name +2;	falsch!
name := 15;	richtig!
a := name;	falsch!
a := name ('text');	falsch!
a := name (3.74);	richtig!
a := name (r);	richtig, wenn r vom Datentyp REAL!

Aufgabe (Potenz)

Wir wollen nun eine kleine Funktion selbst schreiben. In Pascal existiert keine Standardfunktion zum Potenzieren. x^a läßt sich also nicht ohne Umwege berechnen.

Daher schreiben wir uns die entsprechende Funktion "Potenzieren" selbst. Um die Sache mathematisch nicht zu kompliziert zu machen, beschränken wir uns auf ganzzahlige Exponenten. Außerdem verzichten wir auf eine Überprüfung, ob der Wertebereich überschritten ist. Fortgeschrittene und interessierte Leser können die Funktion entsprechend selbst erweitern.

```
FUNCTION Potenz (Basis : REAL; Exponent : INTEGER) :REAL;
 VAR i : INTEGER;
     p : REAL;
     positiv : BOOLEAN;

 BEGIN
  p := 1;
  positiv := (Exponent = ABS (Exponent));
  Exponent := ABS (Exponent);
  FOR i := 1 TO Exponent DO p := p * Basis;
  IF positiv THEN Potenz := p
             ELSE Potenz := 1 / p
 END; { von Potenz }
```

Funktion

Hinweise: Die Funktion Potenz wird aufgerufen mit zwei Werten, von denen der erste vom Typ REAL und der zweite vom Typ INTEGER sein muß. Das Ergebnis ist vom Typ REAL.

Man ist im Anweisungsteil möglicherweise geneigt, ohne die Hilfsvariable p zu arbeiten und zu schreiben

```
FOR i:=1 to Exponent DO Potenz:=Potenz*Basis; {falsch!}
```

Dies ist falsch, da auf der rechten Seite des Zuweisungszeichens die Funktion mit Parametern aufgerufen werden muß.

(Wenn sich eine Funktion in ihrem Anweisungsteil selbst aufruft, so entsteht eine Rekursion; siehe Kap. 11.)

Unsere Funktion Potenz sollten wir nun in einem kleinen Programm testen, um zu sehen, ob wir sie korrekt geschrieben haben.

```
PROGRAM Funtest;

 VAR a, x : REAL;
```

Programm

181

```
     b : INTEGER;
     Frage : CHAR;

FUNCTION Potenz (Basis : REAL; Exponent : INTEGER) : REAL;
 VAR i : INTEGER;
     p : REAL;
     positiv : BOOLEAN;
 BEGIN
  p := 1;
  positiv := (Exponent = ABS (Exponent));
  Exponent := ABS (Exponent);
  FOR i := 1 TO Exponent DO p := p * Basis;
  IF positiv THEN Potenz := p
             ELSE Potenz := 1 / p
 END; { von Potenz }


BEGIN { Hauptprogramm }
 WRITELN ('Potenzrechnung: ');
 REPEAT
  WRITE ('Geben Sie die Basis ein: ');
  READLN (a);
  WRITE ('Geben Sie den Exponenten ein: ');
  READLN (b);
  x := Potenz (a,b);
  WRITELN (a:5:2 ,' hoch ', b:2 ,' = ', x:7:2);
  WRITELN;
  WRITE ('Noch eine Potenz (J/N) ? ');
  READ (Frage);
  WRITELN
 UNTIL (Frage='N') OR (Frage='n')
END.
```

Wichtige Anmerkungen:

Parameter
Ergebnis
– Funktionen dürfen nur einfache Datentypen als Parameter und als Ergebnis haben.

Es sind also INTEGER, REAL, CHAR, BOOLEAN und in der TYPE-Deklaration (siehe Band 2) definierte Aufzählungs- oder Unterbereichstypen erlaubt.

Variablen-
parameter
– Wie bei Prozeduren können Funktionen vom Typ "call-by-value" (unser Beispiel) oder "call-by-variable" sein. Im letzten Fall hat die Funktion ein Ergebnis und ändert zusätzlich die an sie übergebenen Variablen.

Funktionen:

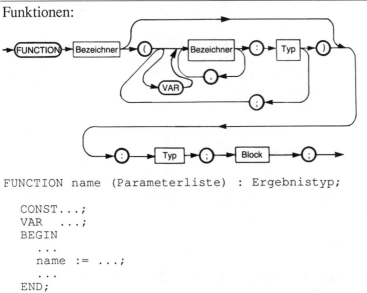

```
FUNCTION name (Parameterliste) : Ergebnistyp;

    CONST...;
    VAR   ...;
    BEGIN
      ...
      name := ...;
      ...
    END;
```

Eine Funktion hat im Gegensatz zu einer Prozedur stets ein Ergebnis. Funktionen können mit oder ohne Parameter aufgerufen werden. Die Parameter können mit "call-by-value" und "call-by-variable" übergeben werden. Im Anweisungsteil der Funktion wird dem Funktionsnamen (links vom Zuweisungszeichen) ein Ergebnis vom Ergebnistyp zugewiesen. Beim Funktionsaufruf (rechts vom Zuweisungszeichen) müssen die Parameter der Funktion übergeben werden.

Die Parameter und das Ergebnis müssen von einfachen Datentypen sein.

Funktionen können wie Prozeduren geschachtelt werden. Bei der Reihenfolge gelten dieselben Regeln wie bei Prozeduren: Eine aufgerufene Funktion/Prozedur muß im Text vor der aufrufenden Funktion/Prozedur stehen.

Hinweis: Standardfunktion siehe Anhang!

Übungen:

10.1.1 READ(LN) und WRITE(LN) passen genau betrachtet nicht so recht in das Prozedur-/Funktionskonzept. Warum?

10.1.2 Muß eine Funktion eine Parameterliste haben?

10.1.3 Muß eine Funktion ein Ergebnis haben?

10.1.4 Schreiben Sie eine Funktion "Ende", die das Ergebnis TRUE hat, wenn die Leertaste gedrückt wird; andernfalls FALSE.

10.2 Übungen zu Funktionen

Wir wollen nun ein paar Funktionen erstellen, um die Struktur dieser Konstruktionen besser kennenzulernen und zu üben.

Minimum   *Das Minimum zweier ganzer Zahlen*

Die Funktion Min ermittelt das Minimum zweier Zahlen vom Datentyp INTEGER. Das Ergebnis ist natürlich ebenfalls vom Typ INTEGER.

```
FUNCTION Min (a,b : INTEGER) : INTEGER;
 BEGIN
  IF a < b THEN Min := a
           ELSE Min := b
 END; { von Min }
```

ggT   *Größter gemeinsamer Teiler ggT*

Die Funktion ggT soll den größten gemeinsamen Teiler zweier Zahlen vom Datentyp INTEGER ermitteln. Das Ergebnis ist selbstverständlich ebenfalls vom Datentyp INTEGER.

Dazu zählen wir eine Variable namens Teiler von 1 bis zum Minimum der beiden Zahlen, denn der gemeinsame Teiler kann höchstens so groß sein wie die kleinere Zahl. Immer dann, wenn sich beide Zahlen durch Teiler teilen lassen, ist ggT gleich diesem Teiler.

Für das Minimum benutzen wir gleich die schon geschriebene Funktion.

```
FUNCTION ggT (a,b : INTEGER) : INTEGER;
    VAR Teiler : INTEGER;
    BEGIN
      FOR Teiler := 1 TO Min(a,b) DO
        IF a MOD Teiler = 0 THEN
          IF b MOD Teiler = 0 THEN ggT := Teiler
    END; { von ggT }
```

Prüfen einer Zahl als Primzahl

Primzahltest

Die Funktion Prim ermittelt, ob eine Zahl vom Datentyp IN-TEGER eine Primzahl ist oder nicht. Das Ergebnis ist vom Datentyp BOOLEAN, also wahr oder falsch.

Eine Zahl kleiner 2 ist keine Primzahl. Andernfalls wird geprüft, ob die Zahl gleich 2 ist, dann Primzahl oder ob sie durch eine folgende ungerade Zahl (3, 5, 7, 9...) teilbar ist. Gerade Zahlen > 2 können sowieso keine Primzahlen sein. Wir lassen die ungeraden Zahlen bis ROUND (SQRT (Zahl)) laufen und versuchen jeweils zu teilen.

```
FUNCTION Prim (Zahl : INTEGER) : BOOLEAN;
 VAR Teiler : INTEGER;
     Test : BOOLEAN;
 BEGIN
  Teiler := 3;
  Test := TRUE;
  IF Zahl < 2 THEN Test := FALSE
    ELSE IF Zahl > 2 THEN
      REPEAT
         IF Zahl MOD Teiler = 0 THEN Test := FALSE;
         Teiler := Teiler + 2
      UNTIL Teiler >= ROUND(SQRT(Zahl));
  Prim := Test
END; { von Prim }
```

Weitermachen (J/N)?

Weiter

Die Funktion Weiter fragt den Benutzer, ob er im Programm weiter fortfahren möchte oder nicht. Das Ergebnis ist ebenfalls wieder vom Datentyp BOOLEAN. Die Funktion eignet sich für Programme, in denen oft nach einer Fortführung des Programms gefragt wird.

Anwendung

In Schleifen könnte dann die Funktion zum Einsatz kommen mit:

```
WHILE Weiter Do ...;
```

oder mit:

```
REPEAT
...
UNTIL NOT Weiter;
```

```pascal
FUNCTION Weiter : BOOLEAN;
  VAR ch : CHAR;
  BEGIN
    WRITE ('Wollen Sie weitermachen (J/N) ? ');
    READ (ch);
    Weiter := (ch='J') OR (ch='j')
  END; { von Weiter }
```

Ein Programm:

Damit wir die oben erstellten Funktionen testen können, wollen wir sie in ein kleines Programm integrieren und dieses ausführen:

Programm

```pascal
PROGRAM Zahlenzauber;

VAR Zahl1, Zahl2 : INTEGER;
    Wort : STRING;

FUNCTION Min (a,b : INTEGER) : INTEGER;
 BEGIN
  IF a < b THEN Min := a
           ELSE Min := b
 END; { von Min }

FUNCTION ggT (a,b : INTEGER) : INTEGER;
 VAR Teiler : INTEGER;
 BEGIN
  FOR Teiler := 1 TO Min(a,b) DO
     IF a MOD Teiler = 0 THEN
     IF b MOD Teiler = 0 THEN ggT := Teiler
 END; { von ggT }

FUNCTION Prim (Zahl : INTEGER) : BOOLEAN;
 VAR Teiler : INTEGER;
     Test : BOOLEAN;
 BEGIN
```

```
   Teiler := 3;
   Test := TRUE;
   IF Zahl < 2 THEN Test := FALSE
             ELSE IF Zahl > 2 THEN
   REPEAT
    IF Zahl MOD Teiler = 0 THEN Test := FALSE;
    Teiler := Teiler + 2
   UNTIL Teiler >= ROUND(SQRT(Zahl));
   Prim := Test
 END; { von Prim }

FUNCTION Weiter : BOOLEAN;
 VAR ch : CHAR;
 BEGIN
  WRITE ('Wollen Sie weitermachen (J/N)? ');
  READ (ch);
  Weiter := (ch='J') OR (ch='j')
 END; { von Weiter }

BEGIN { Hauptprogramm }
 REPEAT
  WRITELN ('Geben Sie zwei ganze Zahlen ein:');
  WRITE ('1. Zahl: ');
  READLN (Zahl1);
  WRITE ('2. Zahl: ');
  READLN (Zahl2);
  WRITELN ('Die kleinere Zahl ist ', Min(Zahl1,Zahl2):3);
  WRITELN ('Der groesste gemeinsame Teiler ist:');
  WRITELN ('ggT(',Zahl1:3,',',Zahl2:3,')=',ggT(Zahl1,Zahl2):3);
  IF Prim (Zahl1) THEN Wort:='eine' ELSE Wort:='keine';
  WRITELN (Zahl1:3,' ist ',Wort,' Primzahl');
  IF Prim (Zahl2) THEN Wort:='eine' ELSE Wort:='keine';
  WRITELN (Zahl2:3,' ist ',Wort,' Primzahl')
 UNTIL NOT Weiter
END.
```

Übungen:

10.2.1 Schreiben Sie eine Funktion, die das kleinste gemeinsame Vielfache (kgV) von 5 Zahlen berechnet.

10.2.2 Schreiben Sie eine Funktion "Lieszeichen" mit folgendem Kopf:

```
FUNCTION Lieszeichen (Anfang, Ende: INTEGER) : CHAR;
```

zu folgender Aufgabe:

Der Funktion werden die Anfangs- und End-Ordnungsnummern eines Bereichs von ASCII-Zeichen übergeben. Mit READ(Kbd,..) wird ein Zeichen von der Tastatur gelesen und nur dann akzeptiert und als Funktionsergebnis ausgegeben, wenn das Zeichen aus dem Bereich ist. Andernfalls wird ein Piepston (CHR (7)) ausgegeben und die Eingabe wiederholt.

Im Programm ist dies eine sehr nützliche Funktion. Soll z.B. bei einer Eingabe nur ein Großbuchstabe erlaubt sein, so kann folgender Aufruf erfolgen:

```
ch := Lieszeichen (65,90);
```

10.3 Zusammenfassung

Mit den Funktionen haben wir Konstruktionen kennengelernt, die durch einfachen Aufruf ihres Namens (verbunden mit möglichen Parametern) ein Ergebnis liefern.

Zwar könnten wir mit Prozeduren auch Funktionen ersetzen, dies würde jedoch zu recht unübersichtlichen Konstruktionen führen. Prozeduren können ja Variablen, die in ihrer Parameterliste stehen, verändern. Eindeutiger ist da die Funktion, die eine Reihe von Anweisungen ausführt und schließlich zu einem Ergebnis führt.

Rekursionen

Ein entscheidender Vorteil einer Programmiersprache, die lokale und globale Variablen kennt, ist die einfache Möglichkeit, Rekursionen zu konstruieren.

Von einer Rekursion sprechen wir, wenn eine Prozedur oder Funktion sich selbst aufruft. Dies ist in anderen Programmiersprachen auch möglich (wer BASIC kennt, sollte nach dem Durcharbeiten dieses Kapitels einmal Rekursionen in BASIC probieren), jedoch können in Pascal (und anderen blockorientierten Sprachen wie LOGO) Variablen mit übergeben werden.

Häufig werden Probleme aus der Mathematik mit Rekursionen beschrieben, z.B. bei Bildungsvorschriften für Folgen und Reihen. Hier ist es dann sehr einfach, die Rekursionsvorschrift in Pascal umzuschreiben. Jedoch auch in anderen Bereichen (Grafik, Textverarbeitung und später bei sogenannten Baumstrukturen) eignen sich Rekursionen vorzüglich für die Programmierung dieser Probleme.

Allerdings soll auch darauf hingewiesen werden, wann Rekursionen besser zu vermeiden sind.

Nach dem Lesen dieses Kapitels

– wissen wir, was eine Rekursion ist.
– können wir rekursive Prozeduren und Funktionen programmieren.
– kennen wir mögliche Fehlerquellen bei Rekursionen und
  können sie vermeiden.
– kennen wir die Probleme mit der Rechenzeit und dem Stapelspeicher bei der Verwendung von Rekursionen.
– wissen wir, daß man manche Rekursion besser vermeidet.

11.1 Was ist eine Rekursion?

In der Zeitung sehen wir eine Werbeanzeige einer Waschmit-
telfirma:

optische
Rekursionen

Eine Frau hat eine Waschmittelpackung in der Hand.
    Auf der Waschmittelpackung hat eine Frau eine Wasch-
    mittelpackung in der Hand.
        Auf der Waschmittelpackung hat eine Frau eine
        Waschmittelpackung in der Hand.
            Auf der Waschmittelpackung ...

            ...

Sind denn dann unendlich viele Frauen mit Waschmittelpackungen (immer kleiner werdend) auf dem Bild? Natürlich nicht. Denn irgendwann ist das Auflösungsvermögen der Druckmaschine erschöpft, und wir sehen nur noch einen Punkt.

Unser Bild stellt eine Rekursion dar.

Rekursion

Wir wollen uns einer programmierten Rekursion zuwenden.

Programm

```
PROGRAM Was_macht_das; { Idee: Pascal-Kurs der FU-Hagen }

   {hier bei CP/M 80 {$A-} }
   PROCEDURE Zeichen;

      VAR ch : CHAR;

      BEGIN
        READ (ch);
        IF ch <> ' ' THEN Zeichen;
        WRITE (ch)
      END; { von Zeichen }
   {hier bei CP/M 80 {$A+} }

   BEGIN { Hauptprogramm }
      Zeichen

   END.
```

Sehr wichtiger Hinweis für Benutzer von CP/M 80: Vor rekursiven Programmteilen muß die Compileroption {$A-} und nach diesen Programmteilen {$A+} eingefügt werden. Damit wird bewirkt, daß der Compiler für die rekursiven Teile auch rekursiven Code erzeugt. Im folgenden wird nicht weiter auf diese Besonderheit von CP/M 80 hingewiesen!

Hinweis für CP/M 80

Was macht das Programm?

Analyse

Zur Übung sollte jetzt das Buch beiseite gelegt werden.

Daß es sich hier um eine Rekursion handelt, erkennen wir an dem Aufruf der Prozedur Zeichen innerhalb der Prozedur Zeichen. Die Prozedur ruft sich also selbst auf.

Nehmen wir an, wir geben die Buchstaben 'abc' und danach eine Leerstelle ein.

Das Hauptprogramm ruft die Prozedur Zeichen auf:

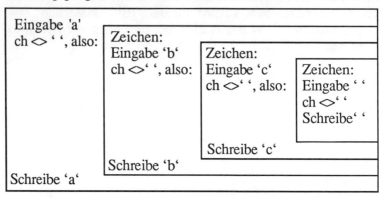

Die Eingabe eines Zeichens wird also so lange fortgesetzt, bis das Leerzeichen eingegeben wird. Dann werden alle Zeichen rückwärts wieder ausgegeben.

*lokale Variablen
(immer neu)*

In dieser Art ist die Rekursion natürlich nur möglich, wenn bei jedem Aufruf der Prozedur Zeichen eine neue Variable ch bereitgestellt wird. Dies ist dadurch gewährleistet, daß ch eine lokale Variable und somit nur innerhalb der Prozedur definiert ist. Obwohl die Variablen gleiche Namen haben, sind sie doch unterschiedlich.

→ Merke: Wenn eine Prozedur oder Funktion sich selbst aufruft (rekursiv aufruft), dann werden nach der Ausführung der Prozedur/Funktion die restlichen Anweisungen noch abgearbeitet.

Ein weiteres Beispiel einer rekursiven Prozedur. Diesmal unter Zuhilfenahme der Grafik:

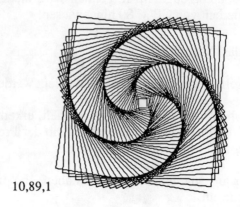

10,89,1

→ Merke: Wenn eine Prozedur oder Funktion sich selbst aufruft (rekursiv aufruft), dann werden nach der Ausführung der Prozedur/Funktion die restlichen Anweisungen noch abgearbeitet.

Selbstaufruf

Programm

```
PROGRAM Spirale;
{$I Graph.p}
 VAR L, W, Z : INTEGER;

 PROCEDURE Seite (Laenge, Winkel, Zuwachs : INTEGER);
  BEGIN
   IF Laenge < 200 THEN BEGIN
    Forwd (Laenge);
    TurnLeft (Winkel);
    Laenge := Laenge + Zuwachs;
    Seite (Laenge, Winkel, Zuwachs)
   END { von IF }
  END; { von Seite }

 BEGIN { Hauptprogramm }
  WRITELN ('Spiralen...');
  WRITE ('Eingabe der Anfangsseite: ');
  READLN (L);
  WRITE ('Eingabe der Winkelaenderung: ');
  READLN (W);
  WRITE ('Eingabe des Seitenzuwachses: ');
  READLN (Z);
  Home;
  Seite ( L, W, Z );
  READLN { zum Anhalten }
 END.
```

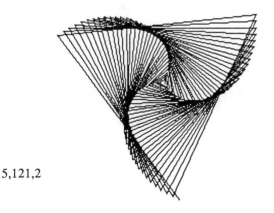

5,121,2

Fakultät

Analyse

Die Prozedur Seite ruft sich in diesem Programm stets selbst wieder auf, wobei die Seitenlänge jeweils um den Seitenzuwachs vergrößert und der Änderungswinkel unverändert übergeben wird.

Aufgabe: Ändern Sie die Prozedur, indem die Anweisung IF Laenge < 200 THEN herausgenommen wird. Welchen Effekt hat dies?

Rekursionsabbruch

Nun, die Prozedur ruft sich dann unendlich lange selbst auf. Tatsächlich hört das Programm allerdings irgendwann ziemlich unschön auf, weil die Rechenzeit überschritten wurde, der Stapelspeicher (Stack) übergelaufen ist oder weil der Rechner die Grafik mit den immer größer werdenden Seiten nicht mehr bewältigt.

Fehler bei Rekursionen

Fehlerquelle: Es ist stets darauf zu achten, daß eine Rekursion eine Abbruchbedingung hat. Wenn also eine Prozedur/Funktion sich selbst aufruft, so sollte der Aufruf von einer Bedingung abhängen, deren Wahrheitsgehalt sich irgendwann zu FALSE ändert.

Aufgabe (Fakultät)

Wir wollen uns nun noch ein kleines Beispiel für eine rekursive Funktion ansehen. Aus der Mathematik ist sicher die sogenannte Fakultät bekannt. Es ist z.B. 5!=1*2*3*4*5.

Oft wird das Bildungsgesetz für eine beliebige Fakultät jedoch so dargestellt:

$$1! = 1 \quad \text{und} \quad n! = (n{-}1)! * n$$

Dies ist eine rekursive Beschreibung der Fakultät, denn n! wird berechnet durch das Produkt aus n und der Fakultät des Vorgängers von n. Wir tun so, als wenn wir (n–1)! berechnen könnten. Können wir auch, denn (n–1)! = (n–2)! * (n–1), und so weiter.

Jedoch wäre dies ein unendlicher Prozeß, gäbe es nicht die Abbruchbedingung (oft auch Rekursionsanfang genannt), die lautet: 1!=1.

194

Als Pascal-Funktion liest sich das so:

```
FUNCTION Fak (n : INTEGER) : INTEGER;
   BEGIN
      IF n=1 THEN Fak := 1
              ELSE Fak := Fak(n-1) * n
   END; { von Fak }
```

*Funktion
(rekursiv)*

So einfach ist das. Wir haben nur die Rekursionsvorschrift von
n! in Pascal-Anweisungen umgeschrieben.

Hinweis: Da Fakultäten schnell sehr groß werden, ist der Wert
MAXINT rasch überschritten. Dies ist bei der Funktion nicht
berücksichtigt, um nicht vom Thema abzulenken.

Aufgabe: Schreiben Sie ein kleines Programm, um die Funktion zu testen.

Hätten wir ohne die Möglichkeit der Rekursion die Funktion
Fak nicht schreiben können? Doch, aber der Vorteil der Rekursion liegt in der Einfachheit und Übersichtlichkeit. Daß Rekursionen auch erhebliche Nachteile haben können, zeigt der nächste Paragraph.

Jede Rekursion läßt sich jedoch durch eine Iteration (Nachein-
anderausführung von Anweisungen) ersetzen. Am Beispiel der
Fakultät sähe das folgendermaßen aus:

Iteration

*Funktion
(iterativ)*

```
FUNCTION Fak (n : INTEGER) : INTEGER;
   Var i, Hilf : INTEGER;
   BEGIN
      Hilf := 1;
      IF n=1 THEN Hilf := 1
              ELSE FOR i:=1 to n DO Hilf := Hilf * i;
      Fak := Hilf
   END; { von Fak }
```

Beachte: Ohne die Hilfsvariable Hilf kämen wir nicht aus, da die Zuweisung Fak := Fak * i nicht erlaubt wäre. Warum?

Aufgabe: Testen Sie auch diese Funktion in einem Programm!

Definition Rekursion

> Rekursion:
>
> Von einer Rekursion sprechen wir, wenn sich eine Proze-dur oder Funktion selbst aufruft. Dabei sind Konstanten und Variablen beim erneuten Aufruf der Prozedur/Funkti-on nicht mit den gleichnamigen der aufrufenden Proze-dur/Funktion identisch.
>
> Eine Rekursion muß stets eine Abbruchbedingung haben, die auch erreicht wird. Andernfalls käme es zu einer un-endlichen Rekursion.

direkte und indirekte Rekursion

Hinweis: Wenn eine Prozedur/Funktion sich explizit selbst auf-ruft, sprechen wir von einer direkten Rekursion. Eine indirekte Rekursion dagegen liegt vor, wenn eine Prozedur/Funktion eine andere aufruft, die dann ihrerseits einen Aufruf der ersten Prozedur/Funktion enthält.

Übungen:

11.1.1 Schreiben Sie eine Funktion zum Potenzieren ganzer Zahlen, die rekursiv über eine "Multiplikation" läuft, die selbst rekursiv über eine "Addition" und diese re-kursiv über die Nachfolger- und Vorgänger-Funktionen (SUCC und PRED) erstellt wird.

11.1.2 Überlegen Sie sich jeweils ein Beispiel für eine direkte und eine indirekte Rekursion.

11.1.3 Schreiben Sie ein Programm mit rekursiven Algo-rithmen, das einen Taschenrechner mit 4 Grundre-chenarten und Klammern simuliert, d.h. zugelassene Zeichen sind:

0 1 2 3 4 5 6 7 8 9 + − * / ( ) = . und C zum Löschen der letzten Zahl.

11.2 Probleme der Rechenzeit und des Speicherplatzes mit Rekursionen

```
fib(0) =  0
fib(1) =  1
fib(2) =  1
fib(3) =  2
fib(4) =  3
fib(5) =  5
fib(6) =  8
fib(7) = 13
fib(8) = 21
fib(9) = 34
...
```

Die Zahlen dieser merkwürdigen Zahlenreihe nennt man Fibonacci-Zahlen. Sie werden gebildet, indem jeweils die letzte und vorletzte Fibonacci-Zahl zusammenaddiert werden.

Fibonacci-Zahlen

Das mathematisches Bildungsgesetz sieht folgendermaßen aus:

```
fib(0) = 0
fib(1) = 1
fib(n) = fib(n-1) + fib(n-2)
```

Na, also. Wieder eine Rekursion, wie wir sofort erkannt haben. Da wir ja nun schon einige Übung im Programmieren haben, können wir sicher sofort die dazugehörige Pascal-Funktion schreiben:

```
FUNCTION fib (n : INTEGER) : INTEGER;
   BEGIN
   IF n<2 THEN fib := n
          ELSE fib := fib(n-1) + fib(n-2)
   END; { von fib }
```

*Funktion
(rekursiv)*

Testen wir unsere Funktion in einem Programm:

```
PROGRAM Rekufib;
   VAR a : INTEGER;
```

*Programm
(rekursiv)*

```
FUNCTION fib (n : INTEGER) : INTEGER;
   BEGIN
     IF n<2 THEN fib := n
             ELSE fib := fib(n-1) + fib(n-2)
   END; { von fib }

BEGIN { Hauptprogramm }
   WRITE ('Eingabe einer Zahl: ');
   READLN (a);
   WRITELN ('fib(', a:3, ')=', fib(a):5)
END.
```

Alle Zahlen unserer oben aufgeführten Fibonacci-Reihe berechnet das Programm auch einwandfrei. (Testen Sie das!)

Geben wir nun einmal eine etwas größere Zahl ein: 22.

Ich dachte immer, Computer seien schnell...

Rechenzeit   Aber es dauert doch sehr lange, bis wir das Ergebnis fib(22) =17711 erhalten.

Zum Vergleich wollen wir die Funktion fib iterativ schreiben und an Stelle der rekursiven Funktion in unser Programm aufnehmen:

*Programm
(iterativ)*

```
PROGRAM Iterfib;
   VAR a : INTEGER;

   FUNCTION fib (n : INTEGER) : INTEGER;
      VAR i, Hilf, Letzt, Vorletzt : INTEGER;
      BEGIN
        Letzt := 1;
        Vorletzt := 0;
        IF n<2 THEN Hilf := n
        ELSE FOR i:=2 TO n DO BEGIN
                Hilf := Letzt + Vorletzt;
                Vorletzt := Letzt;
                Letzt := Hilf
             END; { von FOR }
        fib := Hilf
      END; { von fib }
```

```
BEGIN { Hauptprogramm }
  WRITE ('Eingabe einer Zahl: ');
  READLN (a);
  WRITELN ('fib(', a:3, ')=', fib(a):5)
END.
```

Bei dieser Version des Programms braucht der Rechner eine kaum meßbare Zeit für fib(22).

Woher dieser gewaltige Unterschied?

Unterschied

Machen wir uns einmal deutlich, wie fib(5) rekursiv berechnet wird:

Analyse

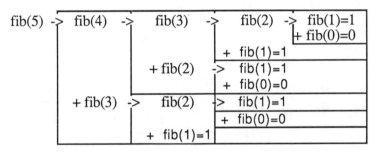

Addieren wir alle Endwerte (1) bei den Rekursionsabbrüchen fib(1) und fib(0), so erhalten wir als Ergebnis 5.

Wir erkennen, daß für n = 5 die Funktion 15mal aufgerufen wird.

Eine andere Darstellung der Aufrufe der rekursiven Funktion ist ein Baum (hier für fib(6)=8):

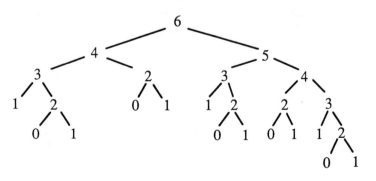

Baum

Stapel/Stack

Hier wird die Funktion schon 25mal aufgerufen.

Wir sehen also, daß die Zahl der Funktionsaufrufe explosionsartig ansteigt, da sich die Funktion jeweils zweimal selbst aufruft. Daher die enorme Rechenzeit bei der Rekursion. Für die Iteration wird nur einmal die Funktion aufgerufen und eine Schleife von 2 bis n abgearbeitet.

Stack (Stapelspeicher)

Ein anderes Problem bei Rekursionen spielt ebenfalls eine große Rolle: der Stapelspeicher (Stack).

Wenn eine Funktion/Prozedur aufgerufen wird, muß sich der Rechner die Rücksprungadresse merken, denn nach dem Abarbeiten der Funktion/Prozedur soll es ja an der gleichen Stelle weitergehen.

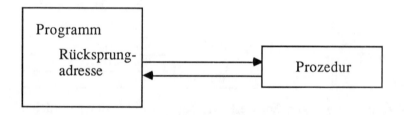

Außerdem müssen jeweils die lokalen Variablen der Funktion/Prozedur abgelegt werden.

All dies geschieht im sogenannten Stack (oder Stapelspeicher oder Kellerspeicher).

LIFO-Stack

Es handelt sich hier um einen LIFO-Stack (Last-In-First-Out). Diesen Speicherbereich können wir uns vorstellen wie einen Parkgroschenspender:

Der letzte Groschen, der in den Spender eingelegt wird, wird auch als erster wieder herausgenommen.

Für Funktionen/Prozeduren heißt das, die zuletzt aufgerufene Funktion/Prozedur kehrt als erste wieder zu ihrer Ausgangsposition zurück.

als letzter rein

als erster raus

Bei Rekursionen kann es nun (abhängig von der Größe des Stack unseres Rechners) leicht zu einer Überlastung des Stack kommen, wenn die Funktion/Prozedur sich zu häufig aufruft (zu große Rekursionstiefe).

Überlastung des Stack

In unserem vorigen Beispiel der Fakultät (Kap. 11.1) spielten diese Probleme kaum eine Rolle, da die Funktion sich selbst jeweils nur einmal aufruft, d.h. für n! wird die Funktion n-mal abgearbeitet.

Regeln

Probleme bei Rekursionen:

Bei zu großer Rekursionstiefe (zu häufigem Selbstaufruf der Funktion/Prozedur) erhöht sich oft die Rechenzeit erheblich und kann es zum Überlaufen des Stapelspeichers (Stack) kommen, was einen Programmabbruch mit sich bringen kann.

Wenn möglich, sollten Rekursionen vermieden werden, denn jede Rekursion läßt sich durch eine Iteration ersetzen.

Wenn jedoch die Rekursion der Iteration durch Klarheit in der Struktur und Einfachheit deutlich überlegen ist, verwenden wir die Rekursion.

11.3 Beispiele zu Rekursionen

Türme von Hanoi *1. Beispiel:*

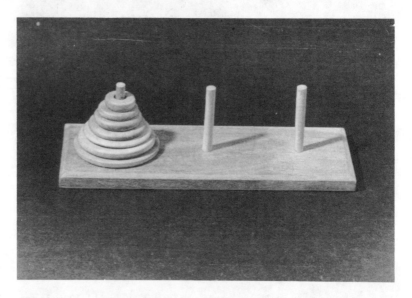

Ziel Einigen ist sicherlich das Spiel "Türme von Hanoi" bekannt. Eine Holzausführung dieses Spieles ist auf dem Foto dargestellt. Ziel des Spieles: Bringe alle Scheiben von einem Turm auf einen anderen.

Regeln Spielregeln: Bewege jeweils nur eine Scheibe von einem Turm zu einem anderen. Lege stets eine kleinere auf eine größere Scheibe, nie umgekehrt.

Spielen Das Spiel läßt sich im Prinzip mit beliebig vielen Scheiben spielen. Auf der Abbildung sind es sieben.

An dieser Stelle sollten wir den Computer mal abschalten und das Buch beiseite legen, um ein wenig zu spielen. Mit einigen unterschiedlich großen Münzen läßt sich "Türme von Hanoi" auch spielen, wenn keine andere Ausführung vorhanden ist.

Aufgabe: Spielen Sie "Türme von Hanoi" mit 4 Scheiben. Versuchen Sie, so wenige Züge wie möglich zu machen. Schreiben Sie die Züge auf.

202

Wir nennen die Türme a, b und c.

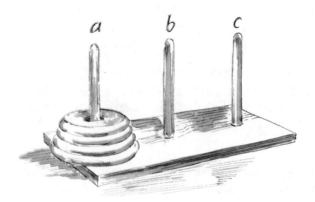

Nun wollen wir uns ein Programm schreiben, das uns die Züge für dieses Spiel mit vorgegebener Scheibenzahl ausgibt.

Programm-planung

Beim realen Spiel wird man sicherlich erst einmal mit wenigen Scheiben anfangen. So leicht wollen wir es uns nicht machen.

Nehmen wir an, unser Spiel hat 70 Scheiben. Diese 70 Scheiben sollen von Turm a nach Turm b gebracht werden. Dies kann nicht auf einmal geschehen, da nur jeweils eine Scheibe bewegt werden darf.

→ Der Lösungsalgorithmus, der hier verfolgt werden soll, ist folgender: Wir bringen erst einmal alle Scheiben, mit Ausnahme der untersten auf den Hilfsturm. Dann bewegen wir die unterste Scheibe auf den Zielturm. Schließlich bringen wir die Scheiben vom Hilfsturm auf den Zielturm.

Lösungs-algorithmus

In unserem Beispiel heißt das: Bringe 69 Scheiben auf Turm c. Bewege eine Scheibe auf Turm b. Bringe 69 Scheiben auf Turm b. Hinter dem "Bringen von 69 Scheiben" verbirgt sich sicherlich mehr als nur ein Befehl, sondern ein sehr ähnlicher Algorithmus mit 68 Scheiben.

Wir planen eine Prozedur: Bringe (70, a, b, c).
Diese Prozedur soll folgendes ausführen: Bringe 70 Scheiben von Turm a nach Turm b unter Zuhilfenahme von Turm c als Zwischenlager für die 69 Scheiben.

Planung

Folgende Anweisungen führt die Prozedur Bringe aus:

Prozedur   Bringe (70, a, b, c):   Bringe (69, a, c, b)
                                     Bewege eine Scheibe von a nach b
                                     Bringe (69, c, b, a)

In Worten: Bringe 70 Scheiben von a nach b über c heißt: Bringe 69 Scheiben von a auf den Hilfsturm c unter Zuhilfenahme von b. Bewege eine Scheibe (die unterste) von a nach b. Bringe die 69 Scheiben vom Hilfsturm c nach b unter Zuhilfenahme von a.

Rekursion   Jetzt hat es jeder gemerkt: Wir benutzen eine Rekursion. Die Prozedur Bringe ruft sich selbst zweimal auf.

Schauen wir uns noch an, was dann Bringe (69, a, c, b) macht:

Bringe (69, a, c, b):   Bringe (68, a, b, c)
                        Bewege eine Scheibe von a nach c
                        Bringe (68, b, c, a)

Aufgabe: Was macht Bringe (69, c, b, a)?

Allgemein können wir für n Scheiben schreiben:

Bringe (n, a, b, c):   Bringe (n–1, a, c, b)
                       Bewege eine Scheibe von a nach b
                       Bringe (n–1, c, b, a)

Abbruch-   Da wir uns jetzt mit Rekursionen auskennen, wissen wir, daß
bedingung   jede Rekursion eine Abbruchbedingung braucht.

In unserem Fall ist es natürlich nur sinnvoll, weitere Prozeduren mit n–1 Scheiben aufzurufen, wenn die Anzahl der Scheiben größer als null ist.

Analyse   Bevor wir uns nun an ein Pascal-Programm heranmachen, sollten wir an einem einfachen Beispiel die Prozedur Bringe testen.

Wir bringen 3 Scheiben von a nach b über c. Dazu heißt B(3, a, b, c) soviel wie Bringe(3, a ,b, c) und a->b soviel wie "bewege eine Scheibe von a nach b".

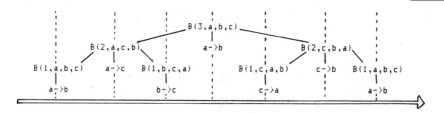

Die einzigen Operationen, die überhaupt ausgeführt werden können, sind die Bewegungen einer Scheibe (z.B. a → b). Lesen wir diese Bewegungen in der Reihenfolge ihrer Ausführung (Hilfe: senkrechte Ebenen von links nach rechts), so erhalten wir:

Züge

a → b
a → c
b → c
a → b
c → a
c → b
a → b

Aufgabe: Schreiben Sie ein solches Diagramm für 4 Scheiben.

Nun aber an die Pascal-Lösung:

Prozedur

```
PROCEDURE Bringe (n : INTEGER; a, b, c : CHAR);

  BEGIN
    IF n > 0 THEN BEGIN
                  Bringe (n-1, a, c, b);
                  WRITELN (a, ' -> ', b);
                  Bringe (n-1, c, b, a)
                END
  END; { von Bringe }
```

Das ist schon die ganze Prozedur (wie oben geplant). Die Variablen für die Türme sind vom Typ CHAR. Weisen wir ihnen im Programm der Einfachheit halber die Buchstaben "a", "b" und "c" zu.

Programm

```
PROGRAM Hanoi;

  VAR Anzahl : INTEGER;

  PROCEDURE Bringe (n : INTEGER; a, b, c : CHAR);

    BEGIN
      IF n > 0 THEN BEGIN
                    Bringe (n-1, a, c, b);
                    WRITELN (a, ' -> ', b);
                    Bringe (n-1, c, b, a)
                  END
    END; { von Bringe }

  BEGIN { Hauptprogramm }
    WRITELN ('Tuerme von Hanoi');
    WRITE ('Eingabe der Scheibenzahl: ');
    READLN (Anzahl);
    Bringe (Anzahl, 'a', 'b', 'c')
  END.
```

Aufgabe: Testen Sie das Programm mit 3 und 4 Scheiben, und vergleichen Sie mit den oben "zu Fuß" erstellten Lösungen.

Testen Sie nun mit mehr Scheiben, und spielen Sie nach.

Tip: Da es zu sehr vielen Zügen kommen kann, sollte das Programm eventuell für einen Drucker umgeschrieben werden:

Programm für Drucker

```
PROGRAM Hanoi;

  VAR Anzahl : INTEGER;

  PROCEDURE Bringe (n : INTEGER; a, b, c : CHAR);

    BEGIN
      IF n > 0 THEN BEGIN
                    Bringe (n-1, a, c, b);
                    WRITELN (Lst, a, ' -> ', b);
                    Bringe (n-1, c, b, a)
                  END
    END; { von Bringe }

  BEGIN { Hauptprogramm }
    WRITELN ('Tuerme von Hanoi');
    WRITE ('Eingabe der Scheibenzahl: ');
    READLN (Anzahl);
    Bringe (Anzahl, 'a', 'b', 'c');
  END.
```

2. Beispiel:

Schneeflocke

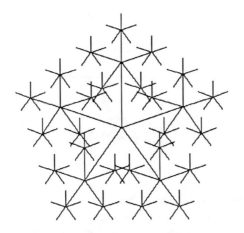

3,50

Diese herrliche Grafik läßt sich ebenfalls mit einer Rekursion erzeugen.

Rekursion

Die Grundfigur (Ordnung = 1) ist ein strahlenförmiges Gebilde, dessen 5 Seiten sich jeweils um einen Winkel von 72 Grad unterscheiden. An jede der Seiten wird (bei höheren Ordnungen) wieder ein solches Gebilde, allerdings mit halber Seitenlänge, gezeichnet.

Programm

```
PROGRAM Schneeflocke;
 {$I Graph.p}
 VAR Ordnung, X, Y, Grundseite : INTEGER;

 PROCEDURE Flocke (Grad, L : INTEGER);  { rekursiv }
  VAR i : INTEGER;
  BEGIN
   IF Grad>0 THEN BEGIN
    FOR i:=1 TO 5 DO BEGIN
     Forwd (L);
     Flocke (Grad-1, L DIV 2);
     Back (L);
     TurnLeft(72)
    END { von For }
   END { von ELSE }
  END; { von Flocke }

 BEGIN { Hauptprogramm }
  WRITELN ('Schneeflocken: ');
  WRITELN ('Geben Sie die Ordnung (Rekursionstiefe),');

  WRITELN ('die Anfangskoordinaten und Anfangslaenge ein.');
  WRITE ('Ordnung: ');
  READLN (Ordnung);
```

```
WRITE ('      X: ');
READLN (X);
WRITE ('      Y: ');
READLN (Y);
WRITE (' Laenge: ');
READLN (Grundseite);
ClearScreen;
Home;
SetHeading(0);
SetPosition (X,Y);
Flocke (Ordnung, Grundseite);
READLN { zum Abwarten }
END.
```

Aufgabe: Spielen Sie mit dem Programm!

3. Beispiel:

Y-Baum

Es soll ein sogenannter Y-Baum gezeichnet werden. Seine Grundfigur ist ein Y, dessen drei Äste jeweils gleich lang sein sollen und dessen obere beiden Äste einen Winkel von 90° einschließen. An den beiden oberen Ästen wird jeweils wieder ein Y angehängt, dessen Äste allerdings nur noch die halbe Länge haben. Wird eine minimale Länge unterschritten, so endet das Programm.

Programm

```
Program Y_Baum;

{$I Graph.P}
 VAR Ordnung, X, Y, Grundseite : INTEGER;

 PROCEDURE Ypsilon (L:INTEGER);   { rekursiv }
 VAR i : INTEGER;
 BEGIN
   IF L>3 THEN BEGIN
    Forwd(L);
    TurnRight(45); Forwd(L);
    TurnLeft(45);
    Ypsilon(L DIV 2);
    TurnRight(45);Back(L);
    TurnLeft(90); Forwd(L);
    TurnRight(45);
    Ypsilon(L DIV 2);
    TurnLeft(45);Back(L);
    TurnRight(45);
    Back(L)
   END
 END; { von Ypsilon }

BEGIN { Hauptprogramm }
 WRITELN ('Y_Baum: ');
 WRITELN ('Geben Sie die Anfangskoordinaten und Anfangslaenge ein.');
 WRITE ('      X: ');
 READLN (X);
 WRITE ('      Y: ');
```

```
READLN (Y);
WRITE (' Laenge: ');
READLN (Grundseite);
Home;
SetHeading(0);
SetPosition (X,Y);
Ypsilon (Grundseite);
READLN { zum Abwarten }
END.
```

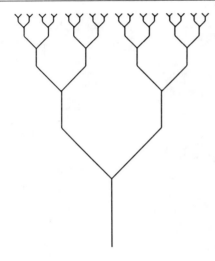

Übungen:

11.3.1 Schreiben Sie ein rekursives Programm, das (ähnlich dem Programm "Schneeflocke") folgende Grafik erstellt (hier 3. Grad).

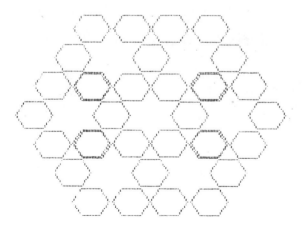

11.4 Zusammenfassung

11.3.2 Entwerfen Sie weitere rekursive Grafiken (z.B. "Hilbert", Lösung siehe *Bowles*).

4. Grad: 1. Grad:

11.4 Zusammenfassung

Mit den Rekursionen haben wir ein algorithmisch sehr elegantes und interessantes Mittel kennengelernt, entsprechend geeignete Probleme zu lösen. Allerdings haben wir auch feststellen müssen, daß es einige Probleme gibt, in denen man Rekursionen besser vermeidet und statt dessen Iterationen benutzt.

Eine Programmiersprache wie Pascal macht es uns leicht, Rekursionen handzuhaben. Diese Möglichkeit ist nicht in allen Sprachen selbstverständlich. So hat man z.B. in den meisten BASIC-Versionen mit ziemlichen Einschränkungen zu arbeiten (z.B. muß man die Stackverwaltung selbst simulieren, und es gibt nur globale Variablen).

Eindimensionale Felder

Dieses Kapitel ist ein kurzgefaßter Vorgriff auf die Behandlung von Feldern allgemein. Für sehr viele Probleme und Algorithmen ist es vorteilhaft, wenn nicht gar unerläßlich, mit sogenannten indizierten Variablen zu arbeiten. Daher werden hier die eindimensionalen Felder ohne viel theoretischen Hintergrund eingeführt und später in Zusammenhang mit den mehrdimensionalen Feldern noch einmal aufgegriffen (Band 2).

Nach dem Lesen dieses Kapitels

- wissen wir, was unter indizierten Variablen zu verstehen ist.
- kennen wir die Definition eines eindimensionalen Feldes im Deklarationsteil.
- können wir mit einfachen eindimensionalen Feldern umgehen.

Schülerliste

1. Spinni Winni
2. Fritz der Clown
3. Fix
4. Foxy
5. Donald Duck
6.   :
       :
       :
       :

12.1 Wenn mehrere Variablen den gleichen Namen haben sollen...

Aufgabe
(Schülerliste)

Wir wollen eine Namensliste aller Schüler unserer Klasse erstellen.

Nehmen wir an, es wären maximal 40 Schüler in einer Klasse zulässig (die Pädagogen mögen es mir verzeihen!). In unserer Klasse sind aber nur 21 Schüler.

Wir könnten als Variablen für die Schüler die Namen Schueler1, Schueler2, ... Schueler40 erfinden.

Wie aber sollen wir nun alle Schülernamen eingeben und später wieder ausgeben. Diese Methode zwingt uns zu 40 Ein- und Ausgabeanweisungen. Wahnsinn!

Natürlich geht es in Pascal (wie in allen Programmiersprachen) einfacher. Wir können indizierte Variablen verwenden. Dabei heißen in unserem Beispiel alle Variablen Schueler, gefolgt von einer Nummer 1 bis 40.

Deklaration

Im Deklarationsteil des Programms müssen wir diesen Datentyp als Feld (Array) erklären.

```
VAR Schueler : ARRAY [1..40] OF STRING[20];
```

Die Variable Schueler kann also die Nummern 1 bis 40 haben, wobei jede dieser Variablen vom Typ STRING[20] ist.

In den Anweisungen werden die Variablen als Schueler[1], Schueler[2], ... , Schueler[40] verwendet.

Die Zahl in der Klammer wird Index genannt. Als Index kann auch eine Variable vom Datentyp INTEGER verwendet werde.

Zuweisung

Beispiel:

```
I := 5;
READLN (Schueler[I]);
```

hat den gleichen Effekt wie:

```
READLN (Schueler[5]);
```

Hinweis: In Programmiersprachen, die mit einem Compiler übersetzt werden, muß bei der Deklaration eines Feldes *genau* festgelegt werden, welche Nummern als Indizes auftreten können, damit der Compiler genau so viele Speicherplätze für die indizierten Variablen bereitstellen kann.

Planen wir unser Programm für eine Schülerliste:

Programm LISTE
Konstante N=40
Variablen i, e: ganze Zahlen
Schueler : Feld von 1 bis N von Zeichenketten
Anfang
Eingabe der Schülerzahl e
Zähle i von 1 bis e und tue
Eingabe Schueler[i]
Zähle i von 1 bis e und tue
Ausgabe Schueler[I]
Ende.

Blockdiagramm

Das Programm:

Programm

```
PROGRAM Liste;

  CONST N = 40;
  VAR i, e : INTEGER;
      Schueler : ARRAY [1..N] OF STRING[20];

  BEGIN
   WRITE ('Schuelerzahl: ');
   READLN (e);
   WRITELN ('Eingabe:');
   FOR i:=1 TO e DO BEGIN
    WRITE ('Schueler Nr. ',i:2,': ');
    READLN (Schueler[i])
   END; { von FOR i }
   WRITELN ('Ausgabe:');
   FOR i:=1 TO e DO WRITELN (Schueler[i])
  END.
```

Aufgabe: Schreiben Sie das Programm so um, daß nur die Schüler mit einem vorher einzugebenden Anfangsbuchstaben ausgegeben werden.

Beispiele für richtige Felddeklarationen:

richtige Beispiele

```
CONST Anfang=7;
      Ende=15;

VAR A : ARRAY [1..30] OF INTEGER;
    B : ARRAY [2..Anfang] OF REAL;
    C : ARRAY [Anfang .. Ende] OF CHAR;
    D : ARRAY [20..25] OF BOOLEAN;
```

Eine falsche Deklaration ist:

falsches Beispiel

```
VAR N : INTEGER;
    E : ARRAY [1..N] OF REAL;
  falsch, weil N keine Konstante ist
```

Definition ARRAY

Eindimensionales Feld:

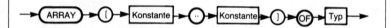

Eine Variable F, die als

```
F : ARRAY [A .. E] OF Datentyp;
```

deklariert ist, stellt ein eindimensionales Feld dar. A und E sind Konstanten vom Datentyp INTEGER, BOOLEAN, CHAR oder Aufzählungstyp (Band 2). Sie geben den Anfangs- (A) und Endindex (E) der Variablen F an.

Jede einzelne Variable F[x] (x ist vom Typ der Konstanten, und es gilt: A <= i <= E) ist vom oben deklarierten Datentyp. Der Datentyp sollte an dieser Stelle ein einfacher Datentyp (Kap. 5) sein.

Übungen:

12.1.1 Was ist der Unterschied zwischen folgenden Konstruktionen:

> Zahl(5) und Zahl[5]?

12.1.2 Warum kann man die Größe des Feldes nicht variabel deklarieren?

12.1.3 Ist folgende Felddeklaration erlaubt?

```
VAR Alpha : ARRAY ['a'..'z'] OF CHAR;
```

12.2 Beispiele eindimensionaler ARRAYs

1. Zufallstest mit Histogramm:

Wir wollen die Zuverlässigkeit unseres Zufallszahlengenerators testen. Dazu erzeugen wir Zufallszahlen zwischen 0 und 9 und stellen deren Häufigkeit in einem sogenannten Histogramm (Balkendiagramm) dar. Mit einem 80-Zeichenbildschirm könnten wir bis zu 75 Kreuze in der Breite auf dem Bildschirm ausgeben, wobei jedes Kreuz für das Vorkommen der entsprechenden Zufallszahl steht. Einige Zeichen müssen wir für die Ziffern freilassen.

*Aufgabe
(Zufallstest)*

```
PROGRAM Randomtest;

CONST Breite = 75;  { bei anderen Bildschirmen aendern }
VAR Maximum, i, j, n : INTEGER;
    Z : ARRAY [0..9] OF INTEGER;

BEGIN
  CLRSCR;
  RANDOMIZE;
  WRITELN; WRITELN;
  Maximum := 0;
  FOR i:=0 TO 9 DO Z[i] := 0;  { alle Zahlen auf 0 setzen}
  REPEAT
    n := RANDOM(10);   { Zahl zwischen 0 und 9 }
    Z[n] := Z[n] + 1;  { Anzahl erhoehen }
```

```
    IF Z[n] > Maximum THEN Maximum := Z[n]  { Maximum der Anzahlen
                                  auf neuesten Stand bringen }
    UNTIL Maximum >= Breite;  { mehr Kreuze passen nicht auf Bild }
    FOR i:=0 TO 9 DO BEGIN
     WRITE (i:1, ':');
     FOR j:=1 TO Z[i] DO WRITE ('X');  { Anzahl der Kreuze fuer i }
     WRITELN; WRITELN
    END { von FOR i };
    READLN
   END.
```

Das Programm könnte folgendes Ergebnis haben:

Ergebnis

```
0:XXXXXXXXXXXXXXXXXXXXXXXXXXXXXXXXXXXXXXXXXXXXXXXXXXXXXXXXXXXXXX
1:XXXXXXXXXXXXXXXXXXXXXXXXXXXXXXXXXXXXXXXXXXXXXXXXXXXXXXXXXXX
2:XXXXXXXXXXXXXXXXXXXXXXXXXXXXXXXXXXXXXXXXXXXXXXXXXXXXXXXXXXXXXXXX
3:XXXXXXXXXXXXXXXXXXXXXXXXXXXXXXXXXXXXXXXXXXXXXXXXXXXXXXXXXXXXXX
4:XXXXXXXXXXXXXXXXXXXXXXXXXXXXXXXXXXXXXXXXXXXXXXXXXXXXXXXXXXX
5:XXXXXXXXXXXXXXXXXXXXXXXXXXXXXXXXXXXXXXXXXXXXXXXXXXXXXXXXXXXXX
6:XXXXXXXXXXXXXXXXXXXXXXXXXXXXXXXXXXXXXXXXXXXXXXXXXXXXXXXXXXX
7:XXXXXXXXXXXXXXXXXXXXXXXXXXXXXXXXXXXXXXXXXXXXXXXXXXXXXXXXXXX
8:XXXXXXXXXXXXXXXXXXXXXXXXXXXXXXXXXXXXXXXXXXXXXXXXXXXXXXXXXXXXXX
9:XXXXXXXXXXXXXXXXXXXXXXXXXXXXXXXXXXXXXXXXXXXXXXXXXXXXXXXXXXXX
```

2. Lottozahlen:

Aufgabe
(Lottozahlen)

Das folgende Programm hilft uns beim Ausfüllen eines Lotto-
scheins (natürlich ohne Gewähr).

Dazu werden sechs Zahlen L[1] bis L[6] als Zufallszahlen erzeugt, wobei keine Mehrfachnennungen vorkommen dürfen.

Anschließend wird der Lottoschein "ausgefüllt":

Ergebnis

```
         10 20 30 40
      1 11 21  X 41
      2 12 22 32 42
      X 13 23 33 43
      4 14 24 34 44
      5  X 25 35 45
      6 16 26  X 46
      7 17 27 37  X
      8 18 28 38 48
      9 19  X 39 49
```

Das Programm dazu:

```
PROGRAM Lottoblock;

VAR i, j, z : INTEGER;
    L : ARRAY [1..6] OF INTEGER;
    Kreuz, Neuezahl, Ende : BOOLEAN;

BEGIN
 RANDOMIZE; { neue Zufallszahlen }
 FOR i:=1 TO 6 DO BEGIN
  REPEAT
    z := RANDOM (49) + 1;     { Zahl zwischen 1 und 49 }
    Neuezahl := TRUE;
    FOR j:=1 TO i DO IF z = L[j] THEN Neuezahl := FALSE
            { ist wahr, wenn z neue Zufallszahl ist }
  UNTIL Neuezahl;
  L[i] := z
 END; { von FOR i }
 CLRSCR;
 WRITELN ('Die Lottozahlen:');
 WRITELN;
 WRITE ('    ');
 Ende := FALSE;
 i := 10;
 REPEAT
   Kreuz := FALSE;
   FOR j:=1 TO 6 DO IF L[j]=i THEN Kreuz := TRUE;
   IF Kreuz THEN WRITE (' X')
           ELSE WRITE (i:3);
   IF i >= 49 THEN Ende := TRUE;
   IF i >= 40 THEN BEGIN
    WRITELN;
    i := i-39
   END ELSE i := i+10
 UNTIL Ende
END.
```

3. Größter und kleinster Meßwert

In dem folgenden Beispiel soll eine Reihe von Meßwerten (Datentyp REAL) eingegeben und der größte und kleinste Meßwert bestimmt werden. Außerdem berechnen wir als Nebenprodukt den Mittelwert der Meßwerte und die größte Abweichung vom Mittelwert.

217

Das Programm:

Programm

```
PROGRAM Messwerte;

CONST N = 50;
VAR Max, Min, Mittelwert, Abweichung, Dif : REAL;
    i, Anz : INTEGER;
    Wert : ARRAY [1..N] OF REAL;

BEGIN
 WRITELN ('Meßwerterfassung und Analyse: ');
 WRITE ('Wie viele Meßwerte (max. 50) : ');
 READLN (Anz);
 FOR i:=1 TO Anz DO BEGIN
  WRITE (i:2, '.Wert: ');
  READLN (Wert[i])
 END; { von FOR i }
 Max := Wert[1];
 Min := Max;        { bestimmten Wert zuweisen }
 Mittelwert := 0;
 FOR i:=1 TO Anz DO BEGIN
  IF Wert[i] > Max THEN Max := Wert[i];
  IF Wert[i] < Min THEN Min := Wert[i];
  Mittelwert := Mittelwert + Wert[i]    { vorläufig }
 END; { von FOR i }
 Mittelwert := Mittelwert / Anz;
 Abweichung := 0;
 FOR i:=1 TO Anz DO BEGIN
  Dif := ABS (Mittelwert - Wert[i]);
  IF Dif > Abweichung THEN Abweichung := Dif
 END; { von FOR i }
 CLRSCR;
 WRITELN; WRITELN;
 WRITELN ('Das Maximum ist: ', Max:7:2);
 WRITELN ('Das Minimum ist: ', Min:7:2);
 WRITELN ('Der Mittelwert : ', Mittelwert:7:2);
 WRITELN ('Mit der größten Abweichung von:');
 WRITELN ('+/-', Abweichung:7:2)
END.
```

Übungen:

12.2.1 Schreiben Sie ein Programm "Notenspiegel" mit folgender Aufgabe:

> Eingabe der Anzahlen für die Noten 1 bis 6.
> Erstellen eines Histogramms.
> Berechnung der Durchschnittsnote.

12.2.2 Ein Feld mit N Elementen (INTEGER) wird eingegeben. Das Programm soll feststellen, ob das Feld sortiert ist.

12.2.3 Schreiben Sie ein Programm zur Umwandlung von Dezimal- in Hexadezimalzahlen und umgekehrt.

(Hexadezimalzahlen sind Zahlen zur Basis 16 mit folgenden Ziffern: 0 1 2 3 4 5 6 7 8 9 A B C D E F. Sie werden häufig zur Programmierung in Maschinensprache verwendet.)

12.2.4 Durch einen Abzählreim von A Worten Länge wird die Reihenfolge für ein Spiel bestimmt. Dazu werden die Namen der N Kinder zuerst nacheinander eingegeben. Den Kindern werden die Eigenschaften "Drin=TRUE" oder "Drin=FALSE" zugewiesen. Dabei soll "Drin" ein ARRAY vom Typ BOOLEAN sein mit N Elementen.

Beim Durchzählen der Worte 1 bis A (Achtung: Wenn A überschritten, dann bei 1 anfangen) fällt jedesmal ein Kind heraus und wird ausgegeben. So entsteht eine neue Liste in der Abzählreihenfolge.

12.3 Zusammenfassung

Das vorliegende Kapitel über eindimensionale Arrays ist ein eingeschränkter Vorgriff auf mehrdimensionale Arrays. Die eindimensionalen Felder sind für viele Probleme aus der Algorithmik sehr nützlich und unentbehrlich. So brauchen wir sie für jede Art von Listen und zum Sortieren von Datensätzen.

Der Datentyp Array ist im Grunde einfach zu verstehen und sollte in vielfältigen Programmen angewendet werden, um zu einem sicheren Umgang damit zu gelangen.

Wer Ordnung hält ist nur zu faul zum Suchen – Sortieralgorithmen

In diesem Kapitel wollen wir uns einem Standardthema der Informatik, dem Sortieren von Daten zuwenden.

Dafür brauchen wir indizierte Variablen (also eindimensionale Felder), damit wir jeder Variablen eine Nummer zuweisen können. Dann werden die Daten in aufsteigender Reihenfolge der Größe nach sortiert. Außerdem werden Schleifen (insbesondere die FOR-Schleife) benötigt. Wir werden drei verschiedene Sortieralgorithmen kennenlernen und dabei feststellen, daß sich ein und dasselbe Problem mit mehreren Algorithmen lösen läßt.

Nebenbei: Es gibt noch mehr Lösungen. Dazu sollte man aber die einschlägige Fachliteratur lesen (siehe Literaturliste, bes. N. Wirth, Algorithmen und Datenstrukturen).

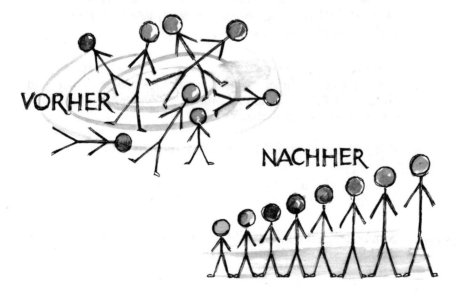

13.1   Sortieren durch Austausch

Der dritte Algorithmus (Quicksort) setzt schon das Wissen über Rekursionen voraus. Sollten Rekursionen überschlagen sein, so muß dieser Algorithmus vorerst ausgelassen werden. Allerdings kann man einen Algorithmus auch ohne Verständnis einfach benutzen.

Nach dem Lesen dieses Kapitels

– kennen wir mehrere Lösungen für das Problem des Sortierens.
– wissen wir, daß verschiedene Algorithmen für ein und dieselbe Problemstellung unterschiedliche Qualitäten haben.

13.1 Sortieren durch Austausch (1)

Beispiel-
Zahlenfolge

55	94	67	44	12	6	18	42

Aufgabe
(Sortieren)

Diese acht Zahlen wollen wir sortieren.

Wir würden möglicherweise so vorgehen, daß wir uns erst die kleinste Zahl suchen, sie aufschreiben, dann die kleinste der verbleibenden Zahlen usw.

Natürlich überblicken wir sofort, welches die kleinste Zahl ist. Dies ist aber nur daher möglich, weil es so wenige Zahlen sind. Hätten wir 10000 Zahlen zu ordnen, so müßten wir uns schon eine andere Lösung suchen.

Wir geben unseren Zahlen Namen mit Nummern:

$$a1 \quad a2 \quad a3 \quad a4 \quad a5 \quad a6 \quad a7 \quad a8$$
$$55 \quad 94 \quad 67 \quad 44 \quad 12 \quad 6 \quad 18 \quad 42$$

Lösungsidee

Nun behaupten wir, die Zahl mit der kleinsten Nummer, a1, sei die kleinste Zahl. Natürlich sieht jeder, daß das hier nicht zutrifft.

Daher müssen wir die Zahl a1 mit allen folgenden (a2 ,a3, a4, a5, a6, a7, a8) vergleichen und den Platz tauschen, wenn wir eine kleinere Zahl als a1 gefunden haben:

Tauschen per Hand

a1 vergleichen mit a2, OK.
a1 vergleichen mit a3, OK.
a1 vergleichen mit a4, vertauschen a1 ↔ a4

a1	a2	a3	a4	a5	a6	a7	a8
44	94	67	55	12	6	18	42

vergleichen mit a5, vertauschen a1 ↔ a5

a1	a2	a3	a4	a5	a6	a7	a8
12	94	67	55	44	6	18	42

a1 vergleichen mit a6 , vertauschen a1 ↔ a6

a1	a2	a3	a4	a5	a6	a7	a8
6	94	67	55	44	12	18	42

a1 vergleichen mit a7, OK.
a1 vergleichen mit a8, OK.

Damit haben wir die kleinste Zahl a1 = 6 gefunden.

kleinste Zahl gefunden

Bei den Vertauschungen, die nötig waren, fällt übrigens gleich der entscheidende Mangel dieses Algorithmus auf. Die zweitkleinste Zahl 12, die schon einmal an vorderster Stelle stand, ist durch die Vertauschungen wieder weit nach hinten gerutscht. Ähnlich wie andere kleinere Zahlen.

Nun müssen wir die zweitkleinste Zahl a2 finden:

a2	a3	a4	a5	a6	a7	a8
94	67	55	44	12	18	42

a2 vergleichen mit a3, vertauschen a2 ↔ a3

a2 a3 a4 a5 a6 a7 a8
67 94 55 44 12 18 42

a2 vergleichen mit a4, vertauschen a2 ↔ a4

a2 a3 a4 a5 a6 a7 a8
55 94 67 44 12 18 42

a2 vergleichen mit a5, vertauschen a2 ↔ a5

a2 a3 a4 a5 a6 a7 a8
44 94 67 55 12 18 42

a2 vergleichen mit a6, vertauschen a2 ↔ a6

a2 a3 a4 a5 a6 a7 a8
12 94 67 55 44 18 42

a2 vergleichen mit a7, OK.
a2 vergleichen mit a8, OK.

zweitkleinste Zahl
gefunden

Damit ist a2=12 die zweitkleinste Zahl.

Nun wird a3 als drittkleinste Zahl gesucht. Dazu vergleichen wir a3 mit allen folgenden a4 bis a8 und vertauschen, wenn nötig.

Wir finden a3=18 als dritte Zahl.

Es bleibt:

a4 a5 a6 a7 a8
94 67 55 44 42

Die Prozedur des Vergleichens und Vertauschens wird fortgeführt, bis wir a8 vergleichen müßten. Dies ist selbstverständlich nicht mehr nötig, da a8 nur noch die größte Zahl sein kann.

Aufgabe: Schreiben Sie die Vergleiche und nötigen Vertauschungen für a3 bis a8 ebenfalls auf.

Was haben wir nun getan?

Wir haben nacheinander die Zahlen a1 bis a7 mit allen jeweils folgenden Zahlen verglichen. Wenn dabei eine kleinere Zahl gefunden wurde, haben wir die Zahlen vertauscht. *Algorithmus*

Dazu planen wir eine Prozedur namens Sort in Pascal. Die Variablen im Hauptprogramm sollen sein a[1], a[2], ... , a[N], wobei N eine Konstante mit dem Wert 8 ist.

Blockdiagramm

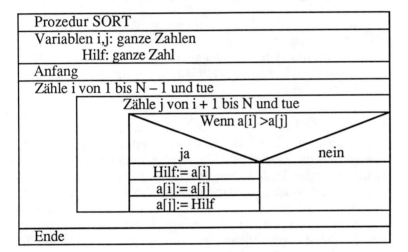

Das Programm mit der Prozedur Sort:

Programm

```
PROGRAM Tauschsort1;

    CONST N = 8;
    VAR   i : INTEGER;
          a : ARRAY [1..N] OF INTEGER;


    PROCEDURE Sort;
       VAR i, j : INTEGER;
           Hilf : INTEGER;

       BEGIN
          FOR i:=1 TO N-1 DO
             FOR j:=i TO N DO
```

```
               IF a[i] > a[j] THEN BEGIN
                  Hilf := a[i];
                  a[i] := a[j];
                  a[j] := Hilf    { Speichertausch }
               END { von IF }
            END; { von Sort }

         BEGIN { Hauptprogramm }
            WRITELN ('Geben Sie',N:3, 'Zahlen ein: ');
            FOR i:=1 TO N DO READLN (a[i]);
            Sort;
            WRITELN ('Sortiert: ');
            FOR i:=1 TO N DO WRITELN (a[i]:3)
         END.
```

In der Sortierprozedur werden also die Zahlen a[1] bis a[7] mit allen folgenden Zahlen a[i+1] bis a[8] verglichen und nötigenfalls vertauscht.

Analyse

Damit wir die Vorgänge bei den Vergleichen und Vertauschungen besser verstehen können, hier ein etwas erweitertes Programm, das die Zahlen bei jedem Schleifendurchlauf auf einem Drucker ausdruckt. Mit dem Programm könnte auch eine Teilfolge sortiert werden, da der Anfangsindex l (für links) und der Endindex r (für rechts) gesetzt wird. Im Ausdruck wird jeweils der Wert für l, r, i und j ausgegeben. In der Zahlenfolge werden die Zahlen unterstrichen, die vertauscht worden sind. Zählt man nach, so ergibt sich bei unserer Beispielzahlenfolge eine Anzahl von 21 Vertauschungen. Das bedeutet, daß 21mal Daten transportiert werden müssen.

Hinweis zum Programm: Bei dem verwendeten Drucker wird das Unterstreichen mit der Kontrollzeichensequenz: ESC ," –" , CHR(0/1) gesteuert. Für andere Drucker müssen diese Programmzeilen geändert werden.

Programm mit Druckerausgabe:

Programm für
Drucker

```
PROGRAM Tauschsort1_druck;

CONST N=8;
VAR i : INTEGER;
    a : ARRAY [1..N] OF INTEGER;
```

```
PROCEDURE Ausgabe (l,r,i,j : INTEGER);
 VAR k : INTEGER;
 BEGIN
  WRITE (LST,CHR(27),'-',CHR(1));   {Unterstreichen an}
  WRITE (LST,'   l:  r:  i:  j:          ');
  FOR k:=1 TO N DO WRITE (LST,k:4);
  WRITE (LST,CHR(27),'-',CHR(0));   {Unterstreichen aus}
  WRITELN (LST);
  WRITE (LST,l:4, r:4, i:4, j:4);
  WRITE (LST,'     a[i]:  ');
  FOR k:=1 TO N DO BEGIN
   IF (k=i) OR (k=j) THEN BEGIN
    WRITE (LST,CHR(27),'-',CHR(1)); {Unterstreichen an}
    WRITE (LST,a[k]:4);
    WRITE (LST,CHR(27),'-',CHR(0))  {Unterstreichen aus}
   END { von IF }
   ELSE WRITE (LST,a[k]:4)
  END; { von FOR k }
  WRITELN (LST);
  WRITELN (LST)
 END; { von Ausgabe }

PROCEDURE Sort (l, r : INTEGER);
 VAR i, j : INTEGER;
     w : INTEGER;


 BEGIN
  FOR i:=1 TO r-1 DO
   FOR j:=i TO r DO BEGIN
    IF a[i] > a[j] THEN BEGIN
     w := a[i]; a[i] := a[j]; a[j] := w;
     Ausgabe(l,r,i,j)
    END { von IF }
   END { von FOR j }
  END; { von Sort }


BEGIN { Hauptprogramm }
 WRITELN ('Geben Sie ',N:3, ' Zahlen ein.');
 FOR i:=1 TO N DO READLN (a[i]);
 WRITELN (LST,'Anfang:');
 WRITE (LST,'                          ');
 FOR i:=1 TO N DO WRITE (LST,a[i]:4);
 WRITELN(LST);
 Sort (1,N);
 WRITELN (LST,'Ende:');
 WRITE (LST,'                          ');
 FOR i:=1 TO N DO WRITE (LST,a[i]:4);
 WRITELN(LST);
END.
```

Aufgabe: Testen Sie das Programm, und versuchen Sie anhand des Ausdruckes den Sortiervorgang zu verstehen!

Wenn wir eine andere Anzahl von Daten sortieren wollen, so ändern wir einfach die Konstante N.

andere Datentypen sortieren

Sollen Daten von anderen Typen sortiert werden, so wird der Datentyp des ARRAYs *und* der Typ der Hilfsvariablen Hilf geändert.

Wenn wir Daten vom Typ CHAR oder STRING sortieren, dann wird die Reihenfolge des entsprechenden Zeichensatzes, hier ASCII (siehe Kap. 5.3), verwendet.

Übungen:

13.1.1 Schreiben Sie das Programm Tauschsort1 zum Sortieren von 10 Zeichen (Typ CHAR) um.

13.1.2 Schreiben Sie ein Programm zum Sortieren von 80 Ziffern, die zufällig erzeugt werden. Die Vertauschungen sollen auf dem Bildschirm sichtbar gemacht werden.

13.1.3 Schreiben Sie ein Programm, das 100 zufällig erzeugte Zeichen vom Typ CHAR sortiert. Ermitteln Sie die mittlere Zeit für 20 Programmläufe.

13.1.4 Schreiben Sie ein Programm zum Sortieren von höchstens 50 Namen. Dabei soll der Benutzer nach jeder Eingabe entscheiden, ob er noch einen Namen eingeben will.

13.1.5 Ändern Sie das Programm aus 13.1.3 dahingehend, daß bei jedem Suchlauf zugleich das größte *und* das kleinste Element gefunden wird. Wird das Programm dadurch schneller?

13.2 Sortieren durch Austausch (2) – Bubblesort

Im vorhergehenden Paragraphen haben wir einen einfach zu verstehenden Sortieralgorithmus kennengelernt, der einen entscheidenden Nachteil hat: Er bringt beim Vertauschen Daten, die schon an günstigen Positionen gestanden haben, an sehr ungünstige Positionen.

Dadurch erhöht sich die Zahl der Vertauschungen unnötig. Aber gerade die mittlere Zahl von Vertauschungen ist ein wichtiges Qualitätsmerkmal für einen Sortieralgorithmus. Später wird es nämlich oft der Fall sein, daß hinter einem Element des Feldes, das sortiert werden soll, eine ganze Reihe von Daten steht. Dann braucht jede Vertauschung ungeheuer viel Zeit. Bei großen Datenmengen sollte also die Zahl der Vertauschungen gering gehalten werden.

Unser Algorithmus in der Prozedur Sort kann leicht dadurch entscheidend verbessert werden, daß die innere Schleife, die die jeweils nachfolgenden Elemente untersucht, nicht vorwärts, sondern rückwärts durchlaufen wird.

Algorithmus

Das Programm mit dieser Änderung:

```
PROGRAM Tauschsort2;

  CONST N = 8;
  VAR  i : INTEGER;
       a : ARRAY [1..N] OF INTEGER;

  PROCEDURE Sort;
    VAR i, j : INTEGER;
        Hilf : INTEGER;
```

Programm

229

```
   BEGIN
     FOR i:=1 TO N-1 DO
       FOR j:=N DOWNTO i DO
         IF a[i] > a[j] THEN BEGIN
           Hilf := a[i];
           a[i] := a[j];
           a[j] := Hilf      { Speichertausch }
         END { von IF }
   END; { von Sort }

 BEGIN { Hauptprogramm }
   WRITELN ('Geben Sie ', N:3, ' Zahlen ein: ');
   FOR i:=1 TO N DO READLN (a[i]);
   Sort;
   WRITELN ('Sortiert: ');
   FOR i:=1 TO N DO WRITELN (a[i]:3)
 END .
```

Bubblesort

Der hier benutzte Sortieralgorithmus wird oft auch BUBBLE-SORT genannt. Beim Sortieren steigen die kleineren Zahlen wie Blasen (Bubbles) zum Anfang des Datenfeldes auf.

Analyse

Diese Eigenschaft des Sortieralgorithmus können wir uns auch hier wieder durch ein Demonstrationsprogramm auf einem Drucker sichtbar machen:

Programm für Drucker

```
PROGRAM Tauschsort2_druck;

 CONST N=8;
 VAR i : INTEGER;
     a : ARRAY [1..N] OF INTEGER;

 PROCEDURE Ausgabe (l,r,i,j : INTEGER);
  VAR k : INTEGER;
  BEGIN
   WRITE (LST,CHR(27),'-',CHR(1));  { Unterstreichen an }
   WRITE (LST,'   l:  r:  i:  j:                ');
   FOR k:=1 TO N DO WRITE (LST,k:4);
   WRITE (LST,CHR(27),'-',CHR(0));  { Unterstreichen aus }
   WRITELN (LST);
   WRITE (LST,l:4, r:4, i:4, j:4);
   WRITE (LST,'   a[i]:  ');
   FOR k:=1 TO N DO BEGIN
    IF (k=i) OR (k=j) THEN BEGIN
     WRITE (LST,CHR(27),'-',CHR(1)); {Unterstreichen an}
     WRITE (LST,a[k]:4);
     WRITE (LST,CHR(27),'-',CHR(0))  {Unterstreichen aus}
    END { von IF }
```

```
    ELSE WRITE (LST,a[k]:4)
    END; { von FOR k }
    WRITELN (LST);
    WRITELN(LST)
  END; { von Ausgabe }

PROCEDURE Sort (l, r : INTEGER);
  VAR i, j : INTEGER;
      w : INTEGER;

  BEGIN
    FOR i:=1 TO r-1 DO
      FOR j:=r DOWNTO i DO BEGIN
        IF a[i] > a[j] THEN BEGIN
          w := a[i]; a[i] := a[j]; a[j] := w;
          Ausgabe(l,r,i,j)
        END { von IF }
      END { von FOR j }
    END; { von Sort }

BEGIN { Hauptprogramm }
  WRITELN ('Geben Sie ',N:3, ' Zahlen ein.');
  FOR i:=1 TO N DO READLN (a[i]);
  WRITELN (LST,'Anfang:');
  WRITE (LST,'                              ');
  FOR i:=1 TO N DO WRITE (LST,a[i]:4);
  WRITELN(LST);
  Sort (1,N);
  WRITELN (LST,'Ende:');
  WRITE (LST,'                                ');
  FOR i:=1 TO N DO WRITE (LST,a[i]:4);
  WRITELN(LST);
END.
```

Aufgabe: Testen Sie auch dieses Programm mit der Beispiel-zahlenfolge aus Kap. 13.1!

Im Gegensatz zu 21 Vertauschungen in der alten Version, braucht unser Programm nun nur noch 11 Vertauschungen vorzunehmen.

Übungen:

13.2.1 Schreiben Sie ein Programm zum Sortieren von 80 Ziffern, die zufällig erzeugt werden. Die Vertauschungen sollen auf dem Bildschirm sichtbar gemacht werden.

13.2.2 Schreiben Sie ein Programm, das 100 zufällig erzeugte Zeichen vom Typ CHAR sortiert. Ermitteln Sie die mittlere Zeit für 20 Programmläufe.

13.3 Quicksort (rekursiv)

Rekursion

Als dritter Sortieralgorithmus soll nun noch ein rekursiver Algorithmus behandelt werden, der besonders bei großen Datenmengen besonders schnell ist: Quicksort.

Hierbei handelt es sich um einen rekursiv geschriebenen Algorithmus.

Algorithmus

Die (rekursive) Prozedur Sort(l,r) sortiert einen Teil des Datensatzes angefangen bei einem linken Element (l) bis zu einem "rechten" Element (r). Beim ersten Aufruf der Prozedur (im Hauptprogramm) sind l und r natürlich die erste und die letzte Nummer.

Nun wird der Datensatz unterteilt. Dazu wird ein beliebiges, hier das mittlere, Element gesucht $(x:= a [(l+r) DIV 2])$.

Als nächstes wird der Datensatz von links (mit dem Index i) und von rechts (mit dem Index j) kommend durchsucht, bis sich die Indizes i und j treffen. Dabei wird x mit einem linken Element getauscht, wenn dieses größer als x ist, und x wird mit einem rechten Element getauscht, wenn dieses kleiner ist als x.

Nach dieser Schleife sind im linken Teil nur Elemente, die kleiner und im rechten Teil nur Elemente, die größer sind als x.

Die Prozedur ruft sich selbst zweimal auf, damit nach dem gleichen Schema die beiden Teile des Datensatzes weiter sortiert werden, solange der entsprechende Teil aus mehr als einem Element besteht.

Als Programm stellt sich der Algorithmus folgendermaßen dar:

```
PROGRAM Quicksort;

 CONST N = 8;
 VAR  i : INTEGER;
      a : ARRAY [1..N] OF INTEGER;

 PROCEDURE Sort (l, r : INTEGER);
  VAR i, j : INTEGER;
      x, Hilf : INTEGER;

  BEGIN
   i := l; j := r;
   x := a[ (l+r) DIV 2 ];      { mittleres Element }
   REPEAT
    WHILE a[i] < x DO i := i + 1;
    WHILE x < a[j] DO j := j - 1;  { Annaehern }
    IF i <= j THEN BEGIN
     Hilf := a[i]; a[i] := a[j]; a[j] := Hilf; { Tauschen}
     i := i + 1; j := j - 1
    END { von IF }
   UNTIL i > j;
   IF l < j THEN Sort (l,j);
   IF i < r THEN Sort (i,r)
  END; { von Sort }

 BEGIN { Hauptprogramm }
  WRITELN ('Geben Sie ', N:3, ' Zahlen ein: ');
  FOR i:=1 TO N DO READLN (a[i]);
  Sort (1,N);
  WRITELN ('Sortiert: ');
  FOR i:=1 TO N DO WRITELN (a[i]:3)
 END.
```

Auch bei diesem Algorithmus wollen wir zum besseren Verständnis schrittweise ausdrucken lassen, welche Vertauschungen gerade vorgenommen werden. Außerdem ist es hier nötig, zu verfolgen, welche Sortierprozedur aufgerufen worden ist. Dazu wieder ein Programm, das ein Protokoll des Sortierverfahrens ausdruckt:

```
PROGRAM Quicksort;

CONST N=8;
VAR i : INTEGER;
    a : ARRAY [1..N] OF INTEGER;
    u : BOOLEAN;
```

13.3 Quicksort (rekursiv)

```
PROCEDURE Ausgabe (l,r,i,j,x : INTEGER);
 VAR k : INTEGER;
 BEGIN
  WRITE (LST,CHR(27),'-',CHR(1));   { Unterstreichen an }
  WRITE (LST,'  l:  r:  i:  j:  x:           ');
  FOR k:=1 TO N DO WRITE (LST,k:4);
  WRITE (LST,CHR(27),'-',CHR(0));   { Unterstreichen aus }
  WRITELN (LST);
  WRITE (LST,l:4, r:4, i:4, j:4, x:4);
  WRITE (LST,'    a[i]:  ');
  FOR k:=1 TO N DO BEGIN
   IF u THEN IF (k=i) OR (k=j) THEN WRITE(LST,CHR(27),'-',CHR(1));
   WRITE (LST,a[k]:4);
   WRITE (LST,CHR(27),'-',CHR(0))
  END; { von FOR k }
  WRITELN (LST)
 END; { von Ausgabe }

PROCEDURE Sort (l, r : INTEGER);
 VAR i, j : INTEGER;
     x, w : INTEGER;

 BEGIN
  WRITELN (LST,'Sort (',l:2,',',r:2,')');
  i := l; j := r;
  x := a[(l+r) DIV 2];
  REPEAT
   u := FALSE;
   WHILE a[i] < x DO BEGIN Ausgabe(l,r,i,j,x); i := i+1 END;
   WHILE x < a[j] DO BEGIN Ausgabe(l,r,i,j,x); j := j-1 END;
   IF i <= j THEN BEGIN
    w := a[i]; a[i] := a[j]; a[j] := w;
    u := TRUE;
    Ausgabe(l,r,i,j,x);
    i := i+1; j := j-1
   END { von IF }
  UNTIL i > j;
  IF l < j THEN Sort (l,j);
  IF i < r THEN Sort (i,r)
 END; { von Sort }

BEGIN { Hauptprogramm }
 WRITELN ('Geben Sie ',N:3, ' Zahlen ein.');
 FOR i:=1 TO N DO READLN (a[i]);
 WRITELN (LST,'Anfang:');
 WRITE (LST,'                        ');
 FOR i:=1 TO N DO WRITE (LST,a[i]:4);
 WRITELN(LST);
 Sort (1,N);
 WRITELN (LST,'Ende:');
 WRITE (LST,'                             ');
 FOR i:=1 TO N DO WRITE (LST,a[i]:4);
 WRITELN(LST);
END.
```

Aufgabe: Testen Sie auch dieses Programm mit der Beispiel-zahlenfolge aus Kap. 13.1!

Der Quicksortalgorithmus nimmt bei unserer Testzahlenfolge   *Ergebnis*
(gleiche Zahlenfolge für alle drei Programme) nur 9 Vertauschungen vor. Es scheint also, als sei Quicksort der schnellste
Algorithmus.

So einfach können wir uns diese Bewertung jedoch nicht machen. Zur Untersuchung der Qualität eines Sortieralgorithmus
müssen wir mit unterschiedlich großen und unterschiedlich ge-
ordneten Datenmengen arbeiten sowie unterschiedliche Datentypen untersuchen. Außerdem gibt es noch einige andere Sortieralgorithmen, die hier aus Platzgründen nicht aufgeführt
werden können.

Eine genauere Analyse der bekannten Sortieralgorithmen gibt
N. Wirth in seinem Buch "Algorithmen und Datenstrukturen".

Für unseren täglichen Bedarf an Sortieralgorithmen können   *Bewertung der*
wir festhalten, daß sich Quicksort oft als der schnellste Algo-   *Algorithmen*
rithmus bei größeren Datenmengen herausstellt. Bubblesort dagegen ist wegen seiner Einfachheit zu empfehlen, wenn es nicht
so sehr auf die Rechenzeit ankommt. Immerhin ist Bubblesort
einer der schnelleren Algorithmen.

Übungen:

13.3.1 Schreiben Sie ein Programm zum Sortieren von 80 Ziffern, die zufällig erzeugt werden. Die Vertauschungen
sollen auf dem Bildschirm sichtbar gemacht werden.

Stellen Sie die rekursiven Aufrufe der Prozedur durch
weitere Bildschirmzeilen (Teildatensätze) dar.

13.3.2 Schreiben Sie ein Programm, das 100 zufällig erzeugte
Zeichen vom Typ CHAR sortiert. Ermitteln Sie die
mittlere Zeit für 20 Programmläufe.

13.4 Zusammenfassung

Wir haben drei in ihrem Aufbau und in ihrer Geschwindigkeit
verschiedene Sortieralgorithmen kennengelernt. Sie sollten

sich bemühen, alle drei Algorithmen zu verstehen (mindestens aber die beiden iterativen).

Weiterhin können nun diese Sortieralgorithmen in andere Programme, in denen zur Problemlösung das Sortieren dazugehört, übernommen werden. Bei der Übernahme der Sortierprogramme (z.B. als Prozeduren) ist darauf zu achten, daß die Variablentypen zusammenpassen.

Anhang

Anhang A

Wichtige MS-DOS-Befehle

- **DIR** ⏎
  listet das Inhaltsverzeichnis der Diskette (Directory) auf.

- **A:** ⏎ oder **B:** ⏎
  schaltet auf ein anderes Laufwerk um. Die Laufwerke haben die Namen A:, B:, C: usw.

- **DEL <Filename>** ⏎
  löscht eine Datei (File) mit angegebenem Namen auf der Diskette.

- **RENAME <Filename alt> <Filename neu>** ⏎
  benennt ein File um.

- **FORMAT A:** ⏎
  formatiert eine neue Diskette, d.h. die Diskette wird zum Arbeiten unter MS-DOS bereit gemacht.
  FORMAT A:/S ⏎
  kopiert auch das Betriebssystem auf die Diskette in A:.

- **DISKCOPY A: B:** ⏎
  kopiert eine Diskette im Laufwerk A: (Original) auf eine Diskette im Laufwerk B: (Kopie).

- **COPY A:Quelle.Dat B:Ziel.Dat** ⏎
  kopiert die Datei Quelle.Dat von Laufwerk A: als Datei mit dem Namen Ziel.Dat auf das Laufwerk B:.
  COPY A:Quelle.Dat B: ⏎
  kopiert die Datei Quelle.Dat mit gleichem Namen auf die Diskette im Laufwerk B:.

– **TYPE <Dateiname>** ⏎
listet eine Textdatei auf dem Ausgabegerät.

[Ctrl] [P]

schaltet zwischen Bildschirm und Drucker als Ausgabegerät
um.

Die wichtigsten Dateitypen auf einer Diskette sind:

– .COM oder .CMD : Lauffähiges Programm in Maschinen-
  code.
– .PAS : Pascal-Programmtext (Textfile).
– .BAK : Sicherheitskopie des Workfiles.
– .OVR : Overlay.
– .DTA : Daten.

CP/M

Anhang B

Wichtige CP/M-Befehle

– **DIR**⏎
listet das Inhaltsverzeichnis der Diskette (Directory) auf.

– **A:** ⏎ oder **B:**⏎
schaltet auf ein anderes Laufwerk um. Die Laufwerke haben die Namen A:, B:, C: usw.

– **ERA <Filename>** ⏎
löscht eine Datei (File) mit angegebenem Namen auf der Diskette.

– **REN <Filename neu> = <Filename alt>** ⏎
benennt ein File um.

– **FORMAT A:** ⏎
formatiert eine neue Diskette, d.h. die Diskette wird zum Arbeiten unter CP/M bereit gemacht.

– **COPY B:=A:** ⏎
kopiert eine Diskette im Laufwerk A: (Original) auf eine Diskette im Laufwerk B: (Kopie).

COPY B: = A:/S ⏎
kopiert nur das Betriebssystem von der Diskette in A: auf die Diskette in B:.

– **PIP** ⏎
bringt uns in das File-Kopierprogramm. Ein anderes Promptzeichen (*) erscheint auf dem Bildschirm. Mit folgender Zeile können wir nun ein File von einem Laufwerk auf ein anderes kopieren:

```
B:<File neu> = A:<File alt>  ⏎
```

– **TYPE <Dateiname>** ⏎
listet eine Textdatei auf dem Ausgabegerät.

[Ctrl] [P]

schaltet zwischen Bildschirm und Drucker das Ausgabegerät
um.

Die wichtigsten Dateitypen auf einer Diskette sind:

– .COM oder .CMD:
Lauffähiges Programm in Maschinencode.
– .PAS:
Pascal-Programmtext (Textfile).
– .BAK:
Sicherheitskopie des Workfiles.
– .OVR:
Overlay.
– .DTA:
Daten.

Anhang C

Befehle des Turbo-Systems

Das Menü:

```
Logged drive: A
Active directory :\Turbo

Work file:
Main file:

Edit  Compile   Run  Save

Dir  Quit   compiler Options

Text:      0 bytes
Free: 62903 bytes
```

Die einzelnen Zeilen des Menüs haben folgende Bedeutung:

– Logged drive: A
Aktuelles Laufwerk, auf das standardmäßig zugegriffen wer-
den soll. Durch Drücken der <L>-Taste kann ein anderes
Laufwerk gewählt werden.

– Active directory
Aktuelles Verzeichnis, auf das standardmäßig zugegriffen
wird. Durch Drücken der Taste <A> kann ein anderes Verzeichnis gewählt werden. (Nur MS-DOS)

– Work file:
Aktuelles Workfile. Durch W kann ein anderes Workfile definiert werden. Ist das Workfile nicht auf der Diskette, so
wird ein neues File erzeugt.

– Main file:
Programm, auf das sich die Befehle C und R beziehen.

– Edit
Mit E wird der Editor aufgerufen.

– Compile
Mit C wird das Mainfile (oder das Workfile, wenn kein Mainfile existiert) übersetzt.

– compiler Options
Mit O lassen sich Compileroptionen wählen.

– Memory
Durch Drücken der Taste Ⓜ (das ist auch die Standardeinstellung) wird der Compiler veranlaßt, den Text so zu übersetzen, daß das lauffähige Programm im Rechnerspeicher steht.

– Com-file
Mit der Taste Ⓒ können wir den Compiler veranlassen, das lauffähige Programm als .COM-File (z.B. TEST.COM) auf die Diskette zu schreiben.

– cHn-file
Mit der Taste Ⓗ sorgen wir dafür, daß das Programm so übersetzt wird, daß es nur von einem anderen Pascal-Programm aufgerufen werden kann (weil Teile des Pascal-Systems fehlen). Der Name wird durch .CHN kenntlich gemacht (z.B. TEST.CHN).

– Run
Mit der Taste Ⓡ lassen wir den Rechner ein Programm abarbeiten. Entweder wird das Programm im Speicher oder (wenn die Compileroption C gewählt wurde) das entsprechende .COM-File abgearbeitet. Ist das Programm noch nicht übersetzt, so wird dies erst getan.

– Save
Durch Drücken der Taste Ⓢ können wir das Workfile unter dem angegebenen Namen abspeichern. Es bleibt eine Kopie der letzten Version des Workfiles auf der Diskette mit dem Kürzel .BAK (z.B. Test .BAK).

– eXecute *(nur unter CP/M!)*
Mit der Taste 🅇 können wir ein anderes Programm aufrufen.

– Dir
Mit 🅓 wird das Inhaltsverzeichnis der angewählten Diskette ausgegeben.

– Quit
Mit 🅠 wird das Turbo-System verlassen (d.h. zurück zum Betriebssystem).

Folgende Files gehören zum Turbo-System:

– TURBO.COM:
Das Turbo Pascal.
– TURBO.OVR:
Overlays, die nötig sind, wenn von Turbo aus ein .COM-File gestartet werden soll.
– TURBO.MSG:
Das Textfile, das die Fehlermeldung enthält.
– TLIST.COM:
Ein Programm zum eleganten Ausdrucken von Turbo-Programmtexten.
– TINST.COM:
Ein Installationsprogramm, um Turbo an den jeweiligen Rechner anzupassen (siehe Handbuch).
– TINST.DTA:
Daten zu TINST.COM.
– READ.ME:
Hinweise zum System.
– <Name>.PAS:
Eventuell vorhandene Pascal-Programme.

Anhang D

Editor

1. Kontrollbefehle

Beenden des Editors
Einfügen/Überschreiben
Automatischer Tabulator

2. Cursorbefehle

Ein Zeichen nach links
Ein Zeichen nach rechts
Ein Zeichen nach oben
Ein Zeichen nach unten

(oder – wenn vorhanden – die Richtungstasten)

Neben diesen Zeichen sitzen die Zeichen zur wortweisen
Rechts-/Linksbewegung und seitenweisen Auf-/Abbewegung:

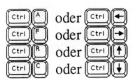

Ein Wort nach links
Ein Wort nach rechts
Eine Seite nach oben
Eine Seite nach unten

Der ganze Bildschirm kann verschoben werden, ohne die Cursorposition zu ändern:

Bildschirm eine Zeile nach oben
Bildschirm eine Zeile nach unten

3. Befehle zum Einfügen und Löschen

  (DEL)

Löschen eines Zeichens links vom
Cursor

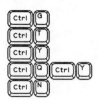

Löschen eines Zeichens unter dem Cursor
Löschen eines Wortes rechts vom Cursor
Löschen einer Zeile
Löschen bis Zeilenende
Einfügen einer Zeile

4. Blockbefehle

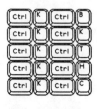

Anfangsmarkierung
Endmarkierung
Ein einzelnes Wort markieren
Umschalten Blockanzeigen
Vorher markierter Block soll an Cursor-
position kopiert werden
Vorher markierter Block soll an Cursor-
position bewegt werden
Löschen eines Blocks
Block von Diskette lesen
Block auf Diskette schreiben

5. Verschiedenes

Tabulator an die Spalte des letzten Zeilen-
anfangs
Ursprünglicher Inhalt der aktuellen Zeile
Abbruch eines Kommandos
Eingabe eines Ctrl-Zeichens in den Text
durch Voranstellen

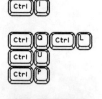

Finden eines Strings bis 30 Zeichen Länge.
Der zu findende String wird eingegeben
und mit <Return> abgeschlossen. (Ctrl-
Zeichen mit <Ctrl>-<P> einfügen).

Dann wird nach Optionen gefragt:

B   Rückwärts suchen ab Cursorposi-
        tion (sonst vorwärts)
G   Global suchen (d.h. im ganzen
        Text)

<Zahl> Gibt an, das wievielte Auftreten des Textes gefunden werden soll.

U Groß-/Kleinschreibung ignorieren.

W Nur ganze Wörter finden (sonst auch Auftreten des Textteils in anderen Texten).

`Ctrl` `Q` `Ctrl` `A` Finden und Ersetzen
Wie Finden. Mit zusätzlicher Angabe des Ersatztextes. Optionen wie bei Finden. Zusätzlich:

<Zahl> Anzahl der zu ersetzenden Textmuster.

N Ersetzen ohne Nachfrage (Y/N).

`Ctrl` `L` Letztes Finden wiederholen

Anhang E

Compiler-Direktiven

Compiler-Direktiven haben die Form eines Kommentars, werden jedoch nach der Kommentarklammer mit einem $-Zeichen begonnen.

Sie veranlassen den Compiler, ab der Stelle des Auftretens der Direktive bestimmte Merkmale zu berücksichtigen.

{$B+}	(Normalwert) bestimmt, daß INPUT und OUTPUT mit dem Gerät CON: verknüpft werden.
{$B–}	INPUT und OUTPUT werden mit TRM: verknüpft.
{$C+}	(Normalwert) bestimmt, daß bei der Eingabe über CON: CTRL-Zeichen interpretiert werden. Z.B. unterbricht ⎡Ctrl⎤⎡C⎤ bei einer Eingabe das Programm und ⎡Ctrl⎤⎡S⎤ hält das Programm an.
{$C–}	bestimmt, daß CTRL-Zeichen nicht interpretiert werden.
{$I+}	(Normalwert) bewirkt, daß Ein- und Ausgabefehler zu Programmunterbrechungen führen.
{$I–}	schaltet die Programmunterbrechung bei E/A-Fehlern aus. IORESULT bekommt den Wert des aufgetretenen Fehlers. Die Nummern sind in Anhang J zu finden.
{$I Filename}	fügt an dieser Stelle eine Textdatei des angegebenen Filenamens ein.
{$R–}	(Normalwert) bewirkt keinen range-check, d.h. keine Überprüfung der Bereichsgrenzen von Feldern und Unterbereichen.

{$R+}   bewirkt range-check.

{$V+}   (Normalwert) bestimmt, daß die Übereinstim-
               mung der Übergabeparameter vom Typ
               STRING bezüglich gleicher Länge überprüft
               wird.

{$V–}   Übereinstimmung der STRING-Parameter
               wird nicht geprüft.

{$U–}   (Normalwert) bewirkt, daß der Benutzer das
               Programm nicht mit <CTRL>-<C> abbrechen
               kann.

{$U+}   Programm kann mit CTRL-C unterbrochen
               werden.

{$O Laufwerk} bestimmt das Laufwerk, von dem die Overlays
               gelesen werden. Wird @ als Laufwerk angege-
               ben, so handelt es sich um das aktuelle Lauf-
               werk.

Nur CP/M 80

{$A+}   (Normalwert) bestimmt, daß kein rekursiver
               Code erzeugt wird.

{$A–}   Rekursionen sind erlaubt.

{$Wn}   (Normalwert W2) bestimmt die maximale
               Schachtelungstiefe bei WITH-Anweisungen. n
               liegt im Bereich 0..9.

{$X+}   (Normalwert) bewirkt bei der Verarbeitung
               von Feldern mehr Speicherplatz und Ge-
               schwindigkeit.

{$X–}   bewirkt bei der Verarbeitung von Feldern we-
               niger Speicherplatz und Geschwindigkeit.

Nur CP/M-86 und MS-DOS

{$K+}   (Normalwert) bewirkt, daß bei jedem Proze-
              duraufruf der Stack dahingehend überprüft
              wird, ob genügend Speicherplatz für die loka-
              len Variablen vorhanden ist.

{$K–}   keine Überprüfung des Stacks.

Anhang F

Reservierte Wörter, erlaubte Zeichen und Standardbezeichner

Erlaubte Zeichen

ABCDEFGHIJKLMNOPQRSTUVWXYZ
abcdefghijklmnopqrstuvwxyz
0123456789
_(Unterstreichungszeichen)
()
[] Ersatzsymbol: (..)
{} Ersatzsymbol: (**)
" . , ; :
+ – * /
= <> < <= > >=
:=
^
$ #

Reservierte Wörter

(Es ist unerheblich, ob die Wörter groß oder klein geschrieben
werden)

ABSOLUTE	ELSE	EXTERNAL	SHR
AND	EOF	NOT	STRING
ARRAY	FILE	OF	THEN
ARCTAN	FOR	OR	TO
ASSIGN	FORWARD	PACKED	TYPE
BEGIN	FUNCTION	PROCEDURE	UNTIL
CASE	GOTO	PROGRAMM	VAR
CONST	IF	RECORD	WHILE
DIV	IN	REPEAT	WITH
DO	INLINE	SET	XOR
DOWNTO	LABEL	SHL	
END	MOD	NIL	

Standardbezeichner

AUX	EOLN	LO	READLN
AUXINPTR	ERASE	LOWVIDEO	REAL
AUXOUTPTR	ERRORPTR	LST	RELEASE
BLOCKREAD	EXECUTE	LSTOUTPTR	RENAME
BLOCKWRITE	EXIT	MARK	RESET
BOOLEAN	EXP	MAXINT	REWRITE
BUFLEN	FALSE	MEM	ROUNDSEEK
BYTE	FILEPOS	MEMAVAIL	SEEKOF
CHAIN	FILESIZE	MOVE	SEEKEOLN
CHAR	FILLCHAR	NEW	SIN
CHR	FLUSH	NORMVIDEO	SIZEOF
CLOSE	FRAC	ODD	SQRSQRT
CLREOL	GETMEM	ORD	STR
CLRSCR	GOTOXY	OUTPUT	SUCC
CON	HEAPPTR	OVRDIVE	SWAP
CONCAT	HI	OVRPATH	TEXT
CONINPTR	INPUT	POS	TRM
CONOUTPTR	INSERT	PRED	TRUE
CONSTPTR	INSLINE	PTR	TRUNC
COPY	IORESULT	RANDOM	UPCASE
COS	KBD	RANDOMIZE	USR
CRTEXIT	KEYPRESSED	READ	USRINPTR
CRTINIT	LENGTH	PARAMCOUNT	USROUTPTR
DELAY	INTEGER	PARAMSTR	VAL
DELETE	INT	PI	WRITE
DELLINE	LN	PORT	WRITELN

Anhang G

Standardfunktionen und -prozeduren in Turbo Pascal

Typenabkürzungen:

i : INTEGER, r : REAL, c: CHAR, s : STRING, b : BOO-
LEAN, a : Aufzählungstyp, p : Zeiger, f : Datei, A : Array, x :
beliebig, / : nichts)

Bezeichner	Argumenttyp Ergebnistyp	bei Funktionen	Beschreibung
ABS	r oder i	wie Argument	Betrag des Arguments
ARCTAN	i oder r	r	Arcustangens
ASSIGN	(f,s)	/	Weist Dateinamen zu
BLOCKREAD	(s,A,i,i)	i	Lesen eines Diskettenblocks
BLOCKWRITE		(s,A,i,i)	Schreiben eines Diskettenblocks
CHAIN	f	/	Ruft CHN-File auf
CHR	i	c	Zeichen aus ASCII mit Nummer i
CLOSE	f	/	Schließen einer Datei
CLREOL	/	/	Löschen bis Ende der Zeile
CLRSCR	/	/	Bildschirm löschen
CONCAT	s	s	Verbindet Strings zu neuem String
COPY	(s,i,i)	s	Kopiert Teilstring aus String
COS	i oder r	r	Kosinus

Bezeichner	Argumenttyp	bei Funktionen Ergebnistyp	Beschreibung
CRTINIT	/	/	Terminal initiali-sieren
CRTEXIT	/	/	Terminal reset
DELAY	i	/	Warte Zeit i
DELETE	(s,i,i)	/	Löscht Teil aus String
DELLINE	/	/	Lösche Zeile
DISPOSE	p	/	Löscht unbenutzte Zeiger
EOF	f	b	Ende einer Datei
EOLN	f	b	Ende einer Zeile
EXECUTE	f	/	Ruft COM-File auf
EXIT	/	/	Ausstieg aus Block
EXP	i oder r	r	e-Funktion
FILLCHAR	(x,i,c)	/	Füllt Variable x mit Zeichen
FRAC	r oder i	r	Nachkommawert einer Zahl
GOTOXY	(i,i)	/	Setzt Cursor an best. Stelle
HI	i	i	Höherwertiges Byte des Arguments
INLINE	Codierungen	/	Fügt Maschinen code ein
INSERT	(s,s,i)	/	Fügt String in anderen String ein
INSLINE	/	/	Fügt Zeile ein
INT	i oder r	r	Vorkommawert einer Zahl
IORESULT	/	i	Fehlercode
KEYPRESSED	/	b	Abfrage auf Tastendruck
LENGTH	s	i	Gibt Länge des Strings an

Bezeichner	Argumenttyp	bei Funktionen Ergebnistyp	Beschreibung
LN	i oder r	r	Logarithmus Naturalis
LO	i	i	Niederwertiges Byte des Arguments
LOG	i oder r	r	Dekadischer Logarithmus
LOWVIDEO	/	/	Low-Video Attribut
MARK	i	/	Markieren des Variablenstapels
MEMAVAIL	/	i	Freier Speicher
MOVE	(x,x,i)	/	Bewegt Anzahl von Bytes
NEW	p	/	Erzeugen einer Zeigervariablen
NORMVIDEO	/	/	Norm-Video Attribut
ODD	i	b	Wahr, wenn i ungerade ist
ORD	c	i	Nummer des Zeichens c in ASCII
OVRDRIVE	i	/	Drive-Nr. für Overlay
OVRPATH	s	/	Pfadname für Overlay
PARAMCOUNT	/	i	Anzahl der Parameter
PARAMSTR	i	s	n-ter Parameter
POS	(s,s)	i	Position eines Strings in anderem
PRED	c,i,b oder a	wie Argument	Vorgänger
PWROFTEN	r oder i	r	Zehnerpotenz
RANDOM	/	r	Zufallszahl 0.0 bis 1.0

Bezeichner	Argumenttyp	bei Funktionen Ergebnistyp	Beschreibung
RANDOM	i	i	Zufallszahl von 0 bis i
RANDOMIZE	/	/	Erzeugt neue Zu fallszahlen
READ	i,r,c,s oder /	/	Lesen ohne Zei- lenvorschub
READ	(f,x)	/	Lesen aus Datei f
READLN	i,r,c,s oder /	/	Lesen mit Zeilen- vorschub
RELEASE	i	/	Rücksetzen des Variablenstapels
RESET	(f)	/	Eröffnen einer alten Datei
REWRITE	(f)	/	Eröffnen einer neuen Datei
ROUND	r	i	Rundet zu ganzer Zahl
SEEK	(f,i)	/	Element einer Datei anwählen
SEEKEOF	f	b	Ähnlich EOF
SEEKEOLN	f	b	Ähnlich EOLN
SIN	i oder r	r	Sinus
SIZEOF	x	i	Speicherplatz der Variablen x
SQR	i oder r	wie Ar- gument	Quadrat
SQRT	i oder r	r	Quadratwurzel
STR	i oder r	s	Macht aus Zahl einen String
SUCC	c,i,b oder a	wie Ar- gument	Nachfolger
SWAP	i	i	Tauscht LSB und MSB von i
TRUNC	i oder r	i	Ganzzahliger Teil des Argu- ments

Bezeichner	Argumenttyp Ergebnistyp	bei Funktionen	Beschreibung
UPCASE	c	c	Wandelt in Groß-buchstaben
WRITE	i,r,c,s oder /	/	Schreiben ohne Zeilenvorschub
WRITE	(f,x)	/	Schreiben in Datei f
WRITELN	i,r,c,s oder /	/	Schreiben mit Zeilenvorschub

Ausführliche Beschreibung der meisten Standardprozeduren und Funktionen:

Standardprozeduren

Turbo Pascal stellt eine Reihe von Prozeduren bereit, die schon fertig sind und nur vom Benutzer aufgerufen zu werden brauchen, sogenannte Standardprozeduren.

Die Namen dieser Prozeduren sind keine reservierten Wörter, sondern können auch vom Benutzer als Bezeichner verwendet werden. In dem Falle ist jedoch die entsprechende Prozedur nicht mehr zugänglich, da ihr Name dann anderweitig verwendet wird.

CLREOL;
Diese Prozedur löscht alle Zeichen von der Cursorposition an bis zum Zeilenende. Die Cursorposition wird nicht verändert.

Beispiel:

```
CLREOL;
```

CLRSCR;
Löscht den Bildschirm und setzt den Cursor in die linke obere Ecke.

Beispiel:

```
CLRSCR;
```

CRTINIT;
Sendet den Terminal-Installations-String an den Bildschirm.
Dieser ist durch die Installation des Turbo Pascal bestimmt.

Beispiel:

```
CRTINIT;
```

CRTEXIT;
Sendet den Terminal-Reset-String an den Bildschirm. Dieser ist
ebenfalls durch die Installation bestimmt.

Beispiel:

```
CRTEXIT;
```

DELAY (Zeit);
Eine Verzögerungsprozedur, die den Rechner ungefähr so
viele Millisekunden warten läßt, wie der Parameter Zeit vom
Typ INTEGER angibt.

Beispiel:

```
DELAY (5000);
```
wartet ca. 5 Sekunden.

DELLINE;
Löscht die Zeile, in der der Cursor steht, und schiebt alle folgenden Zeilen nach.

Beispiel:

```
DELLINE;
```

EXIT;
Ab Version 3.0 verfügbare Prozedur ohne Parameter, die dafür sorgt, daß der entsprechende Programmteil (Prozedur,

Funktion, Hauptprogramm), in dem sich die EXIT-Anweisung befindet, vorzeitig abgebrochen wird.

Beispiel:

```
EXIT;
```

INSLINE;
Fügt an der Cursorposition eine Leerzeile ein und läßt alle folgenden Zeilen nach unten wandern.

Beispiel:

```
INSLINE;
```

GOTOXY (x,y);
Positioniert den Cursor entsprechend den Bildschirmkoordinaten x,y (beide vom Typ INTEGER). x ist die Nummer der Spalte, y die Nummer der Zeile. Die Koordinate 1,1 ist die linke obere Ecke. Die dem GOTOXY-Befehl folgende Ein- oder Ausgabe findet an der Cursorposition statt.

Beispiel:

```
GOTOXY(10,15);
WRITELN ('Test');
```

Das Wort Test wird in der 15. Zeile und darin an der 10. Stelle geschrieben.

HALT;
Standardprozedur ohne Parameter, die dafür sorgt, daß das aktuelle Programm abgebrochen wird.

Beispiel:

```
HALT;
```

LOWVIDEO;
Schaltet den Bildschirm auf das Low-Video-Attribut, das in der Installation von Turbo Pascal vereinbart wurde.

Beispiel:

```
LOWVIDEO;
```

NORMVIDEO;
Schaltet den Bildschirm auf das Normal-Video-Attribut, das in
der Installation vereinbart wurde.

Beispiel:

```
NORMVIDEO;
```

RANDOMIZE;
Sorgt dafür, daß der Zufallszahlengenerator neue Zufallszahlen
erzeugt. Wird RANDOMIZE nicht verwendet, so gibt es bei jedem Programmlauf gleiche Zufallszahlen.

Beispiel:

```
RANDOMIZE;
```

MOVE (Var1, Var2, Anzahl);
Bewegt eine ganzzahlige Anzahl von Bytes im Speicher von der
Variablen Var1 zur Variablen Var2. Die Variablen können von
beliebigem Typ sein.

Beispiel:

```
VAR a,b: ARRAY [1..20] OF INTEGER;
           ...
        MOVE (a,b,20);
```

bewegt die Hälfte der Arrays a zum Array b (denn der Datentyp INTEGER benötigt 2 Bytes Speicherplatz).

FILLCHAR (Var, Anzahl, Wert);
Füllt den Speicherbereich angefangen bei der ersten Speicherstelle, die von der Variablen Var eingenommen wird, mit einer
Anzahl von Werten vom Typ BYTE oder CHAR Var ist von
beliebigem Typ, Anzahl vom Typ INTEGER.

Beispiel:

```
VAR a : CHAR ABSOLUTE $3000;
...
FILLCHAR (a,1024*8,CHR(255));
```

füllt den Speicherbereich ab hexadezimal $3000 bis $4FFF
(d.h. 8 KByte = 8 *1024) mit dem Zeichen CHR (255).

Weitere Standardprozeduren sind die STRING-Prozeduren
(siehe Kap. 5.4), die Ein-/Ausgabeprozeduren, die Dateiproze-
duren (siehe Band 2) und die Zeigerprozeduren (siehe Band 2).

Standardfunktionen

Turbo Pascal stellt eine Reihe von Funktionen bereit, die schon
fertig sind und nur vom Benutzer aufgerufen zu werden brauchen: sogenannte Standardfunktionen.

Die Namen dieser Funktionen sind keine reservierten Wörter,
sondern können auch vom Benutzer als Bezeichner verwendet
werden. In diesem Falle ist jedoch die entsprechende Funktion
nicht mehr zugänglich, da ihr Name dann anderweitig verwendet wird.

Arithmetische Funktionen

ABS (Zahl);
Absolutwert einer Zahl. Das Argument ist entweder REAL
oder INTEGER. Das Ergebnis ist vom Typ des Arguments.

Beispiel:

```
x:=ABS(-3.7);
```
dann hat x den Wert 3.7.

ARCTAN (Zahl);
Arcustangens einer Zahl. Der Winkel wird in Bogenmaß angegeben. Zahl ist vom Typ REAL oder INTEGER. Das Ergebnis
ist vom Typ REAL.

Beispiel:

    `x:=ARCTAN(1);` dann hat x den Wert $\pi/4$.

COS (Zahl);
Kosinus einer Zahl. Der Winkel wird in Bogenmaß angegeben. Zahl ist vom Typ REAL oder INTEGER. Das Ergebnis ist vom Typ REAL.

Beispiel:

    `x:=COS(PI/2);` dann hat x den Wert 0.

EXP (Zahl);
Exponentialfunktion zur Basis e, d.h. e^{Zahl}. Zahl ist vom Typ REAL oder INTEGER. Das Ergebnis ist vom Typ REAL.

Beispiel:

    `x:=EXP(1);` dann hat x den Wert 2.718281828.

FRAC (Zahl);
Ergibt den gebrochenen Teil einer Zahl (d.h. Nachkommawert). Zahl kann vom Typ REAL oder INTEGER sein. Das Ergebnis ist vom Typ REAL.

Beispiel:

    `x:=FRAC(3.7);` dann hat x den Wert 0.7.

INT (Zahl);
Ergibt den ganzzahligen Anteil einer Zahl. Zahl kann vom Typ REAL oder INTEGER sein. Das Ergebnis ist vom Typ REAL.

Beispiel:

    `x:=INT(3.7);` dann hat x den Wert 3.0.

LN(Zahl);
Natürlicher Logarithmus einer Zahl (d.h. zur Basis e). Zahl ist vom Typ REAL oder INTEGER. Das Ergebnis ist vom Typ REAL.

Beispiel:

    X:=LN(2); dann hat x den Wert 6.931471806E-01.

SIN (Zahl);

Sinus einer Zahl. Der Winkel wird in Bogenmaß angegeben.
Zahl ist vom Typ REAL oder INTEGER. Das Ergebnis ist vom
Typ REAL.

Beispiel:

    X:=SIN(PI/2); dann hat x den Wert 1.

SQR(Zahl);

Quadrat einer Zahl. Zahl ist vom Typ REAL oder INTEGER.
Das Ergebnis ist vom Typ des Arguments.

Beispiel:

    x:=SQR(2.5); dann hat x den Wert 6.25.

SQRT(Zahl);

Quadratwurzel einer Zahl. Zahl ist vom Typ REAL oder IN-
TEGER. Das Ergebnis ist vom Typ REAL.

Beispiel:

    x:=SQRT(9); dann hat x den Wert 3.0.

Skalare Funktionen

PRED (Argument);

Vorgänger des Arguments. Argument und Ergebnis sind vom
gleichen skalaren, aufzählbaren Typ.

Beispiel:

    x:=PRED ('B'); dann hat x den Wert A.

SUCC (Argument);
Nachfolger des Arguments. Argument und Ergebnis sind vom gleichen skalaren, aufzählbaren Typ.

Beispiel:

```
X:=SUCC(15);
```
dann hat x den Wert 16.

ODD (Zahl);
Ist eine Funktion mit Ergebnistyp BOOLEAN. Erhält den Wert TRUE, wenn Zahl eine ungerade Zahl ist, sonst FALSE. Zahl muß vom Typ INTEGER sein.

Beispiel:

```
X:=ODD(16);
```
dann hat x den Wert FALSE.

Übergang zwischen verschiedenen Datentypen

CHR (Zahl);
Ergibt den zu einer Zahl gehörigen ASCII-Wert. Zahl ist vom Typ INTEGER. Das Ergebnis ist vom Typ CHAR.

Beispiel:

```
X:=CHR(66);
```
dann hat x den Wert B.

ORD (Wert);
Ergibt die Ordnungsnummer eines Wertes aus einer Aufzählung. Dabei wird bei 0 angefangen zu zählen. Das Ergebnis ist vom Typ INTEGER.

Beispiel:

```
x=ORD('A');
```
dann hat x den Wert 65.

ROUND (Zahl);
Rundet eine Dezimalzahl zu einer ganzen Zahl. Für Zahl >0 ergibt sich der ganzzahlige Anteil von Zahl 0.5. Für Zahl <0 ergibt sich der ganzzahlige Anteil von Zahl −0.5.

Beispiel:

```
x:=ROUND(3.7);
```
dann hat x den Wert 4.

TRUNC (Zahl);
Ergibt den ganzzahligen Anteil einer Dezimalzahl. Das Ergebnis ist vom Typ INTEGER.

Beispiel:

`X:=TRUNC(3.7);` dann hat x den Wert 3.

Sonstige Funktionen

HI (Argument);
Das Ergebnis vom Typ INTEGER erhält als niederwertiges
Byte das höherwertige Byte des Arguments. Das höherwertige
Byte wird auf Null gesetzt.

Beispiel:

`x:=HI(8446);` dann hat x den Wert 32
oder `x:=HI($20FE);` hat das gleiche Ergebnis ($20=32):

KEYPRESSED;
Diese Funktion hat kein Argument und ein Ergebnis vom Typ
BOOLEAN. Das Ergebnis ist TRUE, wenn eine Taste gedrückt
wurde, sonst FALSE.

Beispiel:

`REPEAT ... UNTIL KEYPRESSED.`

LO (Argument);
Das Ergebnis vom Typ INTEGER erhält als niederwertiges
Byte das niederwertige Byte des Arguments. Das höherwertige
Byte wird auf Null gesetzt.

Beispiel:

`x:=LO(8446);` dann hat x den Wert 254
oder `x:=LO($20FE);` hat das gleiche Ergebnis ($FE=254).

MEMAVAIL;
Das Ergebnis vom Typ INTEGER gibt die Größe des freien
Speicherplatzes an. Bei 8-Bit-Systemen in Byte; bei 16-Bit-Sy-
stemen in Paragraphen zu je 16 Byte. Ist das Ergebnis negativ,
so ist 65536 dazuzuaddieren.

Beispiel:

```
x:=MEMAVAIL;
```

RANDOM;
Das Ergebnis dieser Funktion ist eine zufällige Zahl vom Typ
REAL größer oder gleich null oder kleiner als eins.

Beispiel:

```
x:=RANDOM;
```
dann hat x einen zufälligen Wert.

RANDOM (Zahl);
Ergibt eine zufällige Zahl größer oder gleich null und kleiner
als Zahl. Zahl und Ergebnis sind vom Typ INTEGER.

Beispiel:

```
x:=RANDOM(200);
```
dann hat x den ganzzahligen Wert
zwischen 0 und 199.

SIZEOF (Argument);
Ergibt den Speicherplatz in Byte, den eine Variable oder ein
Typ namens Argument im Speicher einnimmt. Das Ergebnis ist
vom Typ INTEGER.

Beispiel:

```
x:=SIZEOF(x);
```
dann hat x den Wert 2, da es vom Typ IN-
TEGER sein muß.

SWAP (Zahl);
Tauscht höherwertiges und niederwertiges Byte der Zahl vom
Typ INTEGER um. Ergebnis vom Typ INTEGER.

Beispiel:

>   X:=SWAP(8446);   dann hat x den Wert –480
> oder X:=SWAP($20FE); gleiches Ergebnis ($FE20 = –480).

UPCASE (Zeichen);
Hat als Ergebnis den Großbuchstaben des entsprechenden Zei-
chens, sofern dieser existiert, andernfalls ist das Argument das
Ergebnis. Argument und Ergebnis sind vom Typ CHAR.

Beispiel:

>   x:=UPCASE('a'); dann hat x den Wert A.

Weiterhin gibt es Standardfunktionen in Zusammenhang mit
STRING (siehe Kap. 5.4), mit Dateien (siehe Band 2) und mit
Zeigern (siehe Band 2).

Außerdem werden systemabhängige Standardfunktionen angeboten (siehe Handbuch zu Turbo Pascal).

Anhang H

Vordefinierte Typen und Konstanten

Vordefinierte Typen

INTEGER
BYTE   (Unterbereich 0..255)
REAL
CHAR
STRING (mit Angabe der max. Zeichenzahl)
BOOLEAN

Vordefinierte Konstanten

PI = 3.1415926536
FALSE
TRUE
MAXINT = 32767
NIL

Vordefinierte Felder

MEM
PORT

Anhang I

ASCII-Zeichensatz-Tabelle

Dezimale, oktale und hexadezimale Codewerte der ASCII-Zeichen

DEZ	OKTAL	HEX	Zei-chen	DEZ	OKTAL	HEX	Zei-chen	DEZ	OKTAL	HEX	Zei-chen	DEZ	OKTAL	HEX	Zei-chen
0	000	00	NUL	32	040	20	SP	64	100	40	@	96	140	60	'
1	001	01	SOH	33	041	21	!	65	101	41	A	97	141	61	a
2	002	02	STX	34	042	22	"	66	102	42	B	98	142	62	b
3	003	03	ETX	35	043	23	#	67	103	43	C	99	143	63	c
4	004	04	EOT	36	044	24	$	68	104	44	D	100	144	64	d
5	005	05	ENQ	37	045	25	%	69	105	45	E	101	145	65	e
6	006	06	ACK	38	046	26	&	70	106	46	F	102	146	66	f
7	007	07	BEL	39	047	27	'	71	107	47	G	103	147	67	g
8	010	08	BS	40	050	28	(	72	110	48	H	104	150	68	h
9	011	09	HT	41	051	29	)	73	111	49	I	105	151	69	i
10	012	0A	LF	42	052	2A	*	74	112	4A	J	106	152	6A	j
11	013	0B	VT	43	053	2B	+	75	113	4B	K	107	153	6B	k
12	014	0C	FF	44	054	2C	,	76	114	4C	L	108	154	6C	l
13	015	0D	CR	45	055	2D	-	77	115	4D	M	109	155	6D	m
14	016	0E	SO	46	056	2E	.	78	116	3E	N	110	156	6E	n
15	017	0F	SI	47	057	2F	/	79	117	4F	O	111	157	6F	o
16	020	10	DLE	48	060	30	0	80	120	50	P	112	160	70	p
17	021	11	DC1	49	061	31	1	81	121	51	Q	113	161	71	q
18	022	12	DC2	50	062	32	2	82	122	52	R	114	162	72	r
19	023	13	DC3	51	063	33	3	83	123	53	S	115	163	73	s
20	024	14	DC4	52	064	34	4	84	124	54	T	116	164	74	t
21	025	15	NAK	53	065	35	5	85	125	55	U	117	165	75	u
22	026	16	SYN	54	066	36	6	86	126	56	V	118	166	76	v
23	027	17	ETB	55	067	37	7	87	127	57	W	119	167	77	w
24	030	18	CAN	56	070	38	8	88	130	58	X	120	170	78	x
25	031	19	EM	57	071	39	9	89	131	59	Y	121	171	79	y
26	032	1A	SUB	58	072	3A	:	90	132	5A	Z	122	172	7A	z
27	033	1B	ESC	59	073	3B	;	91	133	5B	[	123	173	7B	{
28	034	1C	FS	60	074	3C	<	92	134	5C	\	124	174	7C	I
29	035	1D	GS	61	075	3D	=	93	135	5D	]	125	175	7D	}
30	036	1E	RS	62	076	3E	>	94	136	5E	↑	126	176	7E	~
31	037	1F	US	63	077	3F	?	95	137	5F	_	127	177	7F	DEL

(Anmerkung: Der ASCII-Code verwendet nur 7 Bits eines Bytes. Das höchstwertige Bit (Bit 7) ist in dieser Tabelle auf Null gesetzt. Es kann in anderen Fällen auch den Wert 1 haben. Dann ist zum dezimalen Codewert 128, zum oktalen 200 und zum hexadezimalen 80 zu addieren.)

Anhang J

Syntaxdiagramme

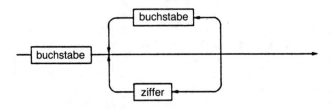

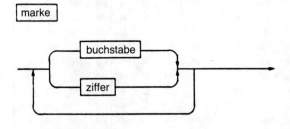

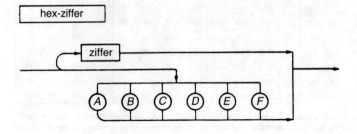

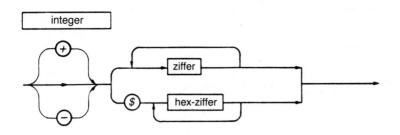

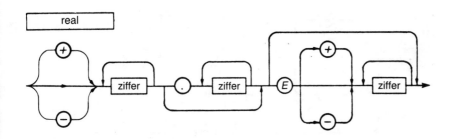

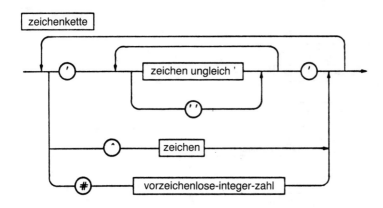

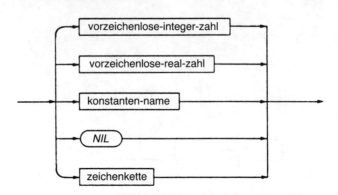

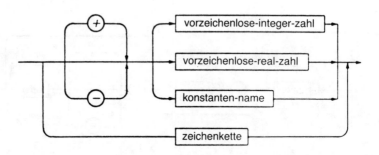

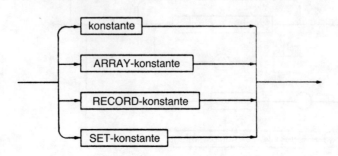

Syntaxdiagramme

ARRAY-konstante

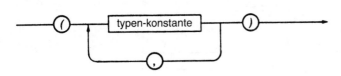

RECORD-konstante

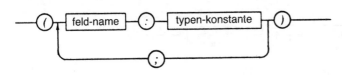

SET-konstante

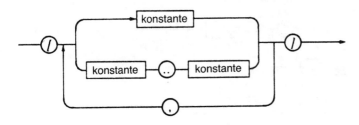

einfacher-typ

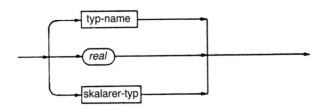

skalarer-typ

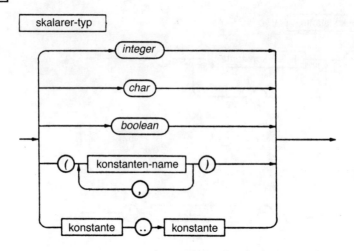

typangabe

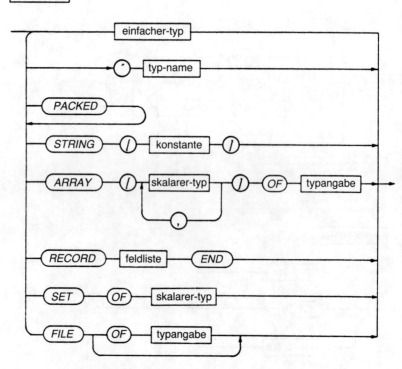

feldliste

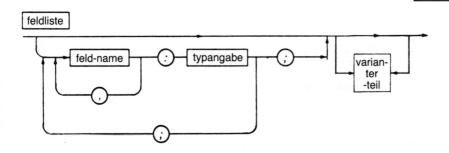

varianter-teil

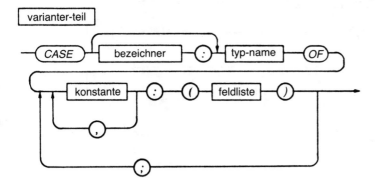

variable

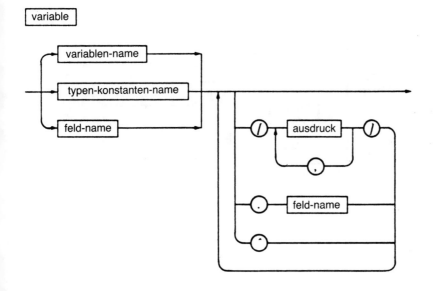

faktor

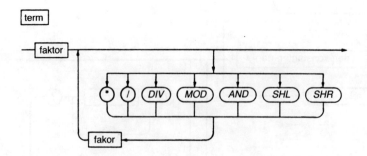

term

einfacher-ausdruck

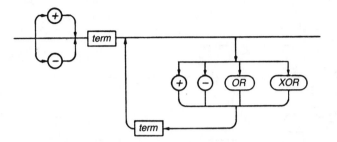

ausdruck

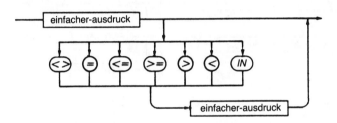

prozedurvereinbarung

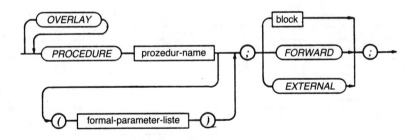

formal-parameter-liste

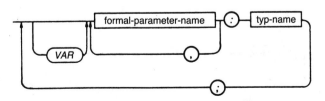

aktueller-parameter

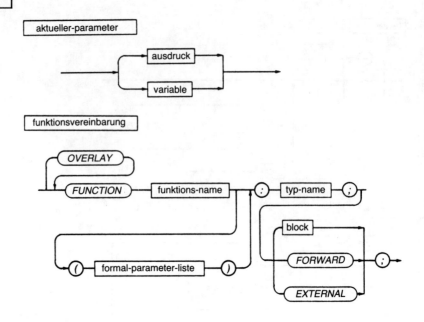

funktionsvereinbarung

anweisung

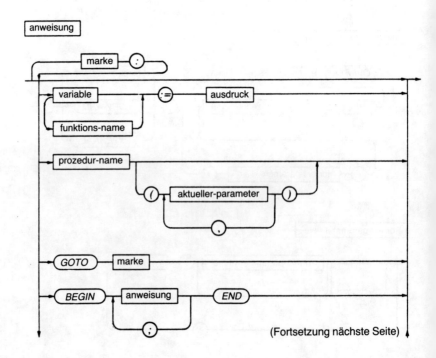

(Fortsetzung nächste Seite)

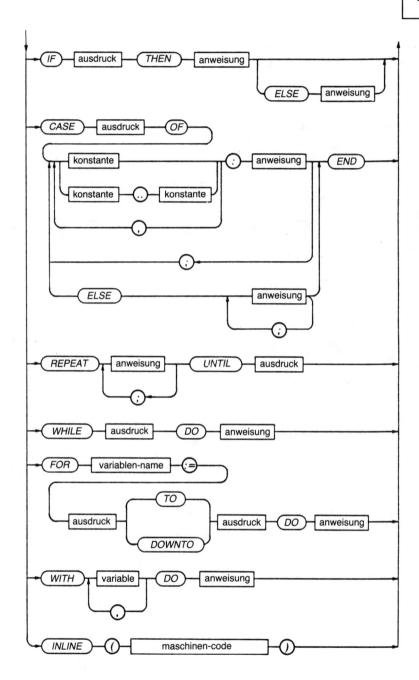

block

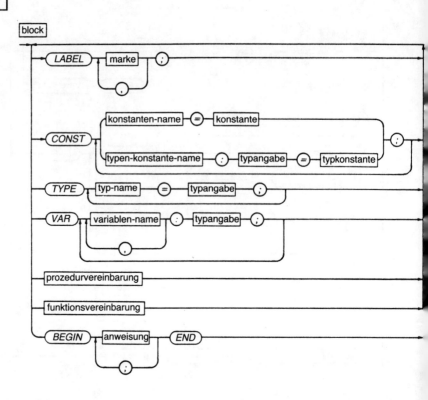

programm

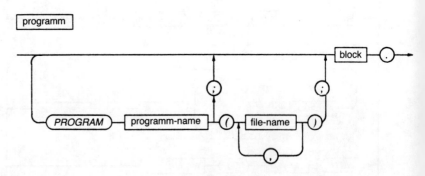

Anhang K

Fehlermeldungen

1. Compiler-Fehlermeldungen

01	';' erwartet
02	':' erwartet
03	',' erwartet
04	'(' erwartet
05	')' erwartet
06	'=' erwartet
07	':=' erwartet
08	'[' erwartet
09	']' erwartet
10	'.' erwartet
11	'..' erwartet
12	BEGIN erwartet
13	DO erwartet
14	END erwartet
15	OF erwartet
16	PROCEDURE oder FUNCTION erwartet
17	THEN erwartet
18	TO oder DOWNTO erwartet
20	Boolescher Begriff erwartet
21	Datei-Variable erwartet
22	Integer-Konstante erwartet
23	Integer-Ausdruck erwartet
24	Integer-Variable erwartet
25	Integer- oder reelle Konstante erwartet
26	Integer- oder reeller Ausdruck erwartet
27	Integer- oder reelle Variable erwartet
28	Zeiger-Variable erwartet
29	Record-Variable erwartet
30	Einfacher Typ erwartet
31	Einfacher Ausdruck erwartet
32	String-Konstante erwartet
33	String-Ausdruck erwartet
34	String-Variable erwartet
35	Textdatei erwartet

36	Typenbezeichner erwartet
37	Untypisierte Datei erwartet
40	Undefiniertes Label
41	Unbekannter Bezeichner oder Syntaxfehler
42	Undefinierter Zeigertyp in vorhergehender Typdefinition
43	Doppelter Bezeichner oder doppeltes Label
44	Unpassende Typen
45	Konstante außerhalb der Grenze
46	Konstanten und CASE-Selektortyp passen nicht zusammen
47	Typ des Operands paßt nicht zum Operator
48	Ungültiger Ergebnistyp
49	Ungültige String-Länge
50	String-Konstantenlänge paßt nicht zum Typ
51	Ungültiger Teilbereichsgrundtyp
52	Untere Grenze > obere Grenze
53	Reserviertes Wort
54	Unerlaubte Zuweisung
55	String-Konstante geht über die Zeile hinaus
56	Fehler bei einer Integer-Konstanten
57	Fehler bei einer Real-Konstanten
58	Unerlaubtes Zeichen in einem Bezeichner
60	Konstanten sind hier nicht erlaubt
61	Dateien und Zeiger sind hier nicht erlaubt
62	Strukturierte Variablen sind hier nicht erlaubt
63	Textdateien sind hier nicht erlaubt
64	Textdateien und untypisierte Dateien sind hier nicht erlaubt
65	Untypisierte Dateien sind hier nicht erlaubt
66	Eingabe/Ausgabe ist hier nicht erlaubt
67	Dateien müssen VAR-Parameter sein
68	Dateikomponenten dürfen keine Dateien sein
69	Ungültige Ordnung von Feldern
70	Mengengrundtyp außerhalb des zulässigen Bereichs
71	Unerlaubtes GOTO
72	Label nicht innerhalb des gegenwärtigen Blocks
73	Undefinierte FOREWARD-Prozedur(en)
74	INLINE-Fehler
75	Unerlaubter Gebrauch von ABSOLUTE
76	Overlays können nicht FORWARD deklariert werden

77	Im Direkt-Modus sind Overlays nicht erlaubt
90	Datei nicht gefunden
91	Unerwartetes Ende der Source
92	Es kann keine Overlaydatei gebildet werden
97	Zu viele geschachtelte WITHs
98	Speicherüberlauf
99	Compilerüberlauf

2. Laufzeit-Fehlermeldungen

Laufzeit-Fehlermeldungen werden in der Form

```
Run-time error NN, PC=addr
Program aborted
```

angezeigt.

Für NN gilt:

01	Gleitkommaüberlauf
02	Sie haben versucht, durch Null zu dividieren
03	Sqrt-Argumentfehler
04	Ln-Argumentfehler
10	String-Längenfehler
11	Ungültiger Stringindex
90	Index außerhalb des zulässigen Bereichs
91	Skalar oder Teilbereich außerhalb des zulässigen Bereichs
92	Außerhalb des Integer-Bereichs
FF	Heap/Stackkollision

3. I/O-Fehlermeldungen

I/O-Fehlermeldungen werden in der Form

```
I/O error NN, PC=addr
Program aborted
```

angezeigt

Für NN gilt:

01	Datei ist nicht vorhanden
02	Lesen der Datei nicht möglich
03	Ausgabe in der Datei nicht möglich
04	Datei nicht offen
10	Fehler im numerischen Format
20	Operation auf einem logischen Gerät nicht zugelassen
21	In Direktmodus nicht zugelassen
22	Zuordnung als Standard-Datei nicht zulässig
90	Unpassende Recordlänge
91	Suchen Sie nach end-of-file
99	Unerwartetes end-of-file
F0	Diskettenschreibfehler
F1	Directory ist voll
F2	Dateigrößenüberschreitung
FF	Datei verschwunden

Anhang L

Literaturverzeichnis

Turbo Pascal, Version 3.0, Reference Manual, Borland International, Scotts Valley, USA. In Deutschland: Heimsoeth Software, München

Turbo Toolkit, Version 1.0, Reference Manual, Borland International, Scotts Valley, USA. In Deutschland: Heimsoeth Software, München

Baumann, R.: Informatik mit Pascal. Klett, Stuttgart 1981

Baumann, R.: Programmieren in Pascal. Vogel, Würzburg 1980

Bowles, K.L.: Problem Solving Using Pascal. Heidelberg, New York, Berlin, Springer 1977

Grogono, P.: Programming in Pascal. Addison-Wesley, Reading 1980

Hergert, Hergert: Doing Business with Pascal. SYBEX, Berkeley, Paris, Düsseldorf 1983

Herschel, R.: Turbo Pascal, Oldenburg, München, Wien 1985

Hosseus, Sprengler, Gruner: Pascal in Beispielen. Oldenburg, München, Wien 1980

Jensen, K. u. Wirth, N.: Pascal User Manual and Report. Springer, New York, Berlin, Heidelberg 1978

King R.A.: MS-DOS Handbuch, SYBEX, Berkeley, Paris, Düsseldorf 1985

Klingen, L.H.: Elementare Algorithmen. Herder, Freiburg, Basel, Wien 1981

Literatur

Miller, A. R.: Pascal Programme. Mathematik, Statistik, Informatik. SYBEX, Berkeley, Paris, Düsseldorf 1982

Miller, A.R.: Programmieren mit CP/M. SYBEX, Berkeley, Paris, Düsseldorf 1985

Renner, G.: Turbo Pascal, Vogel, Würzburg, 1986

Rollke, K.-H.: Grundkurs in Pascal, Bd. 1 und 2. SYBEX, Berkeley, Paris, Düsseldorf 1984

Rollke, K.-H.: Das Turbo Pascal Buch, SYBEX, Berkeley, Paris, Düsseldorf 1985

Schauer, H.: Pascal-Übungen. München, Wien (Oldenbourg) 1978

Tiberghien, J.: Das Pascal Handbuch. SYBEX, Berkeley, Paris, Düsseldorf 1983

Wilson, Addyman: Pascal. Hanser, München, Wien 1981

Wirth, N.: Algorithmen und Datenstrukturen. Teubner, Stuttgart 1979

Wirth, N.: Systematisches Programmieren. Teubner, Stuttgart 1979

Zaks, R.: Das CP/M Handbuch. SYBEX, Berkeley, Paris, Düsseldorf 1981

Zaks, R.: Einführung in Pascal. SYBEX, Berkeley, Paris, Düsseldorf 1982

Zaks, R.: Programmierung des Z80. SYBEX, Berkeley, Paris, Düsseldorf 1980 und 1985

Anhang M

Stichwortverzeichnis

Notizen

Notizen

Notizen

Notizen

SYBEX-VERLAG GMBH

4000 DÜSSELDORF 30
Postfach 30 09 61 · Telefon 0211/61 80 2-0 · Telex 8 588 163